GRUNDSCHULE

INKLUSIONS-MATERIAL
Sport
Klasse 1–4

Maria Eife / Angela Enders / Laura Enders-Brenner /
Nils Enders-Brenner / Martin Giese / Jörg Köhler /
Illu Schmuttermair / Arne Schumann / Nora Sties

Mit einem Geleitwort von Rainer Schmidt
Mit einer Einführung von Martin Giese

Cornelsen

Die Herausgeberin
Stephanie Schmitt-Bosslet ist Grundschulpädagogin mit Masterabschluss „Integrative Begabungs- und Begabtenförderung", Inklusionsberaterin und als Lehrbeauftragte u. a. an der Pädagogischen Hochschule der Fachhochschule Nordwest-Schweiz tätig.

Die Autorinnen und Autoren
Maria Eife, Angela Enders, Laura Enders-Brenner, Nils Enders-Brenner, Martin Giese, Jörg Köhler, Illu Schmuttermair, Arne Schumann, Nora Sties
(nähere Angaben zu den Mitwirkenden finden Sie im Innenteil bei den Beiträgen)

Bildquellen
S. 15: Nicole Hollenbach-Biele (2016): Inklusion statt Förderschule? Zum Stand des gemeinsamen Unterrichts in Deutschland. In: Bertelsmann Stiftung (Hrsg.): Inklusion kann gelingen! Forschungsergebnisse und Beispiele guter schulischer Praxis. Gütersloh: Verlag Bertelsmann Stiftung, S. 14.
S. 87: Gottschalk & Schmidt (2010): (Ball-)Spielen mit Blinden und Sehbehinderten. In: Martin Giese (Hg.): Sport- und Bewegungsunterricht mit Blinden und Sehbehinderten. Band 2: Praktische Handreichungen, S. 135. Aachen: Meyer & Meyer

Projektleitung: Dorothee Weylandt, Berlin
Redaktion: Marion Clausen, Berlin
Grafik: Dorina Tessmann, Berlin; außer S. 126: Kristina Klotz, München
Umschlagkonzept und -gestaltung: Ungermeyer, Berlin
Layout und technische Umsetzung: Ludger Stallmeister, Wuppertal/zweiband.media, Berlin

www.cornelsen.de

1. Auflage 2017

© 2017 Cornelsen Verlag GmbH, Berlin

Das Werk und seine Teile sind urheberrechtlich geschützt.
Jede Nutzung in anderen als den gesetzlich zugelassenen Fällen bedarf der vorherigen schriftlichen Einwilligung des Verlages. Hinweis zu den §§ 46, 52 a UrhG: Weder das Werk noch seine Teile dürfen ohne eine solche Einwilligung eingescannt und in ein Netzwerk eingestellt werden. Dies gilt auch für Intranets von Schulen und sonstigen Bildungseinrichtungen.

Druck: AZ Druck und Datentechnik GmbH, Kempten

ISBN 978-3-589-15208-7

PEFC zertifiziert
Dieses Produkt stammt aus nachhaltig bewirtschafteten Wäldern und kontrollierten Quellen.
www.pefc.de

Inhalt

Geleitwort (von Rainer Schmidt) 5

Vorwort (von Stephanie Schmitt-Bosslet) 7

1. Einführung: Was ist Inklusion? (von Martin Giese) 8
1.1 Bildungspolitische Hintergründe 10
1.2 Segregation, Integration, Inklusion 12
1.3 Diskurslinien im Inklusionsdiskurs 13
1.4 Die Förderschwerpunkte 14
1.5 Unterstützungssysteme 15
1.6 Fazit 16
    Literatur 17

2. Grundlagen: Inklusiver Sportunterricht in der Grundschule
(von Martin Giese) 18
2.1 Eine positive Einstellung zur Inklusion gewinnen 19
2.2 Didaktisch-methodische Ansätze im Sportunterricht 22
2.3 Sonderpädagogische Expertise gewinnen 24
    Literatur 39

3. Hürden und Herausforderungen im inklusiven Sportunterricht
(von Martin Giese) 41
3.1 Materielle Ressourcen 41
3.2 Rahmenbedingungen des Unterrichtssettings 42
3.3 Widerstände in der Schulkultur 45
3.4 Chancen und Grenzen der Psychomotorik 47
3.5 Bedeutung der Fertigkeitsorientierung 49
3.6 Leistungsfeststellung und Benotung 50
3.7 Fazit 53
    Literatur 54

4. Bausteine eines inklusiven Sportunterrichts 55
4.1 Gelebte Inklusion durch Kooperation von (Rollstuhlsport-)Verein
und (Schwerpunkt-)Schule (von Nora Sties und Jörg Köhler) 55
 Literatur 69
4.2 Gemeinsam Bewegung erleben! Sportliche Ideen
aus der Montessori-Pädagogik (von Illu Schmuttermair) 69
4.3 Sport nur mit den Augen – kein Problem? Schüler und Schülerinnen
mit Hörbeeinträchtigung im Sportunterricht
(von Angela Enders, Laura und Nils Enders-Brenner) 74
4.4 Spiel und Spaß in der inklusiven Spielleichtathletik: komparative
Spiele gruppenspezifisch entwickeln (von Arne Schumann) 80
 Literatur 89
4.5 Spiele und Übungen mit Adaptionsmöglichkeiten (von Maria Eife) ... 90
4.6 Elemente des Deutschen Sportabzeichens im Unterricht
(von Maria Eife) 116
4.7 Laufkartenzirkel im inklusiven Sportunterricht (von Maria Eife) 119
 Literatur 128

Hinweise:

- *Es sind selbstverständlich stets alle Geschlechter gemeint, auch wenn nur eine Form verwendet wird.*
- *Wenn Sie die Kopiervorlagen aus diesem Buch mit 141% vergrößern, erhalten Sie eine DIN-A4-Seite.*

Geleitwort (von Rainer Schmidt[1])

Wenn ich Sport treibe, lebe ich intensiv. Da fühle ich meinen Körper, kämpfe, hoffe und taktiere. Höchste Konzentration, maximaler Puls, Endorphine bis in die Haarspitzen. Und ich bin eng verbunden mit anderen, bin Teil eines Teams, werde gebraucht, muss meine Position ausfüllen. Gemeinsam sind wir stark. Ich habe Gegner, mit denen ich mich messe, die ich besiegen möchte, die bei allem Ehrgeiz Fair Play von mir verlangen.

Sport hält Höhen und Tiefen bereit. Schönste Erfolgserlebnisse, aber auch peinlichste Kränkungen. Beim Tischtennis konnte ich glänzen, beim Weitsprung erntete ich allenfalls Mitleid. Mal war ich Leistungsträger oder bin über mich hinausgewachsen, mal war ich Ersatzmann oder bin kläglich gescheitert.

In diesem Buch geht es um inklusiven Sportunterricht. Also um die Kunst des gemeinsamen Sporttreibens von sehr unterschiedlich begabten Schülerinnen und Schülern. Wie gestalten wir Sportunterricht, damit möglichst alle Kinder Erfolgserlebnisse haben und alle das Gefühl des Dazugehörens erleben? Das ist eine große Aufgabe, an der der traditionelle Schulsport oft gescheitert ist. Wenn alle Kinder in derselben Zeit die Sprossenwand hochklettern oder 1.000 Meter laufen müssen, dann kann das für ein übergewichtiges Kind oder einen Prothesenträger schon mal peinlich werden. Gerade beim Laufen, Werfen, Springen, werden die Unterschiede in den Begabungen der Kinder deutlich sichtbar.

Wie gehen Lehrkräfte mit Kindern um, die etwas schlechter können als andere, wie die Mitschülerinnen und Mitschüler?

Zwei Dinge habe ich in meinem Tischtennisverein gelernt.
1. Sport ist nicht zuerst Wettkampf, sondern vor allem Training. Beim Training kommt es darauf an, dass alle besser werden, also alle Erfolgserlebnisse haben. Wettkampf dagegen macht aus Sporttreibenden Gewinner und Verlierer. Wie viel Wettbewerb braucht der Schulsport? Wie viel Wettbewerb braucht überhaupt eine inklusive Schule? In Deutschland gibt es überwiegend Wettkampfschulen. Sobald Kinder Noten bekommen wissen sie, wer schlecht und wer gut in Mathe ist. Ein Hoch auf die Nationen, die die ersten 6 Jahre keine Noten geben und also die Schule als Trainingsschule konzipie-

---

[1] Rainer Schmidt ist evangelischer Theologe und mehrfacher Medaillengewinner bei den Paralympics. Er veröffentlichte 2004 das Buch „Lieber Arm ab als arm dran" und ist Mitautor der Handreichung zu Inklusion der Ev. Kirche im Rheinland „Da kann ja jeder kommen". Er hat zahlreiche Lehrerfortbildungen zum Thema Inklusion durchgeführt.

ren. Im Tischtennisverein trainieren alle Jugendlichen gemeinsam und alle gehören zusammen. Erst bei einem Turnier treten sie gegeneinander an. Dann aber werden sie in Startklassen, bzw. Ligen, eingeteilt. Denn ein Wettkampf zwischen sehr unterschiedlich starken Athletinnen und Athleten macht keinen Spaß. Deutsche Schulen kennen oft nur eine Startklasse: die Altersklasse. Dabei kommt es bei vielen Sportarten gar nicht aufs Alter an. Beim Volleyball sind Motorik und Größe entscheidend, beim Boxen das Körpergewicht.
2. Sport will Menschen verbinden. Wer Teil eines Teams, einer Klasse, einer Schule ist, der ist wichtig. Mein erster Trainer hat einmal gesagt: „Es ist für mich nicht so wichtig, dass einer von euch Deutscher Meister wird. Wichtig ist für mich, dass wir uns gegenseitig unterstützen." Diese Kultur wünsche ich mir in Schulen und beim Sportunterricht. Einer für alle, alle für einen. Hoch- und Tiefbegabte, Jungen und Mädchen, Links- und Rechtshänder, Deutschsprachige und Mehrsprachige gemeinsam. Als ich mit zwölf Jahren in den Tischtennisverein gekommen bin, war ich über ein Jahr der allerschlechteste. Aber immer gab es jemanden, der mit mir trainiert hat. Natürlich konnte ich nicht sitzen bleiben. Jeder spielte, so gut er und sie es konnte. Und wer seine Leistung mal nicht abrufen konnte, der hatte immer noch Freunde, die einen getröstet haben. Auch und vor allem deswegen war ich stolz, das Trikot meines Vereins tragen zu dürfen.

Ich wünsche diesem Buch und allen, die es für den Unterricht benutzen, viel Erfolg. Es wird hoffentlich die Freude am Schulsport vergrößern.

Rainer Schmidt

Vorwort (von Stephanie Schmitt-Bosslet)

„Sport überwindet Grenzen, fördert die persönliche Entwicklung, stärkt das Selbstvertrauen und vermittelt Werte wie Respekt und Toleranz im Umgang mit anderen." (Nationaler Aktionsplan der Bundesregierung zur Umsetzung der UN-Behindertenrechtskonvention, 2011, S. 79)

Dieses Zitat benennt den Tenor des vorliegenden Bandes: Sport verbindet!

Im inklusiven Schulsport werden neben Bewegung, Fitness und Geschicklichkeit durch eine selbstbewusste Teilhabe ALLER gerade soziale Kompetenzen entwickelt und gefördert. Partizipative Prozesse und ein gemeinsames Suchen nach passenden Regeln ermöglichen inklusive Sporterfahrungen, ohne dabei individuelle Herausforderungen und Leistungssteigerungen aus dem Blick zu verlieren. Mit Mut, Kreativität und vor allem dem Einbezug aller Teilnehmenden kann (Schul-)Sport zu einer erfüllenden und stärkenden Aktivität werden.

„Nicht über uns ohne uns!" Dieser Grundsatz der Partizipation gilt auch für dieses Buch, denn Rollstuhl fahrende Sportpädagogen und aktive gehörlose Sportlerinnen und Sportler als ehemalige Schüler von Regelschulen bringen ihre wertvollen Erfahrungen in fachlichen Beiträgen ein.

In **Kapitel 1** legt Martin Giese Grundlagen der Inklusion dar, um darauf aufbauend in **Kapitel 2** fachliche und didaktische Grundlagen für einen inklusiven Sportunterricht zu schaffen. Entlang sonderpädagogischer Förderbedarfe sind wertvolle Hinweise für den Sportunterricht zu finden. **Kapitel 3** nennt mögliche Hürden und Herausforderungen und gibt Anregungen, diese im Schulsport zu überwinden.

Kapitel 4 zeigt, wie der Spagat zwischen besonderen individuellen Bedürfnissen und der Freude an gemeinsamen Aktivitäten, am Spiel und an der Bewegung an der Schule gelingt. Verschiedene Autorinnen und Autoren beschreiben ausgewählte Themenbereiche der schulischen Praxis und zeigen dabei exemplarisch Wege für kreative Lösungen beim Sport für ALLE auf. Praxisbeispiele mit adaptiven Spielformen und konkrete Unterrichtseinheiten für heterogene Gruppen gehen dabei auf Bedürfnisse von Schülerinnen und Schülern mit besonderen Ausgangslagen ein.

Allen Leserinnen und Lesern wünsche ich Freude bei der Lektüre sowie der schulischen Umsetzung nach dem Motto:

Freude am Sport – Mut zur Bewegung – gemeinsam Barrieren überwinden!

Stephanie Schmitt-Bosslet

1. Einführung: Was ist Inklusion? (von Martin Giese[2])

Wurde das Inklusionsthema im deutschen Sprachraum zunächst nur zögerlich aufgegriffen, ist inzwischen zu attestieren, dass es die gesamtgesellschaftlichen Debatten nunmehr ebenso endgültig erreicht hat wie auch den Bildungsdiskurs. Dabei verbindet sich mit dem Inklusionsbegriff das globale Anliegen, die volle gesellschaftliche Teilhabe von Menschen, die von Ausgrenzung betroffen sind, zu fördern und alle Formen gesellschaftlicher Ausgrenzung bzw. Marginalisierung in allen Gesellschaftsbereichen zu überwinden. Heterogenität wird in diesem Kontext nicht als individuelle Besonderheit bzw. als Normabweichung, sondern als gesellschaftliche Normalität betrachtet, die als Bereicherung für das Gemeinwesen zu verstehen ist. Kritisch zu hinterfragen und zu überwinden sind in diesem Sinne Prozesse, in denen Individuen beispielsweise aufgrund ihrer Herkunft, ihres sozialen Status', ihres Geschlechts, ihrer sexuellen Orientierung, ihrer religiösen Zugehörigkeit, ihrer Ethnizität oder auch aufgrund einer Behinderung in jedweden gesellschaftlichen Kontexten Ausgrenzung erfahren oder davon bedroht sind.

Zu den Besonderheiten der deutschsprachigen Inklusionsthematisierung gehört gleichwohl, Inklusion vorrangig als schulische Strukturdebatte zu diskutieren und sich – wie in der vorliegenden Veröffentlichung auch – primär auf die Differenzlinie Behinderung zu beziehen (HERZ 2014, S. 4). Mag es vor dem Hintergrund des gesamtgesellschaftlichen Anspruchs dabei möglicherweise überraschen, dass bis dato keine „auch nur annähernd konsensfähige Definition dessen vorliegt, was denn nun unter Inklusion zu verstehen sei" (AHRBECK 2014, S. 7; MUSENBERG & RIEGERT 2015, S. 13), geht es im schulischen Kontext doch üblicherweise darum, die Förderschulbesuchsquote zu senken und mehr Schülerinnen und Schüler mit und ohne Behinderung länger gemeinsam zu unterrichten. Auffällig ist dabei, dass die Chance auf eine inklusive Beschulung in Deutschland stark vom Alter der Schülerinnen und Schüler sowie von der Schulform abhängig ist. Betrug der Inklusionsanteil im Schuljahr 2013/14 in den bundesdeutschen Kitas beispielsweise 67 Prozent und in den Grundschulen immerhin noch 46,9 Prozent, „fällt er in der Sekundarstufe auf 29,9 Prozent" (KLEMM 2015, S. 6). Im Sinne eines inklusiven Schulsystems erscheint zudem problematisch, dass sich die inklusive Beschulung in der Sekundarstufe primär auf Haupt- und Gesamtschulen beschränkt.

---

2 Dr. Martin Giese arbeitet an der Deutschen Blindenstudienanstalt e.V. in Marburg und war bis 2016 Gastprofessor in der Blinden- und Sehbehindertenpädagogik an der Humboldt-Universität zu Berlin.

1. Einführung: Was ist Inklusion?

Im Hinblick auf die Gesamtschülerschaft im schulpflichtigen Alter zeigen sich in den letzten Jahren aber auch umfangreiche Auswirkungen des angestoßenen Inklusionsprozesses: Lag der sogenannte Inklusionsanteil im Schuljahr 2008/09 in diesem Sinne noch bei 18,4 Prozent,[3] ist er bis zum Schuljahr 2013/14 bereits auf 31,4 Prozent angestiegen. Da im selben Zeitraum allerdings auch die Anzahl an Schülerinnen und Schülern, bei denen ein sonderpädagogischer Förderbedarf diagnostiziert wurde, um 13 Prozent gestiegen ist, hatte die Steigerung des Inklusionsanteils keine nennenswerten Auswirkungen auf die absolute Zahl an Kindern, die auf einer Förderschule unterrichtet werden (KLEMM 2015, S. 6). Einschränkend ist zudem zu erwähnen, dass diese Zahlen in den jeweiligen Bundesländern sowie in Abhängigkeit von den jeweiligen Förderschwerpunkten stark variieren und Inklusion insgesamt als Flickenteppich zu bezeichnen ist.

Einleitend bleibt damit festzuhalten, dass das deutsche Bildungssystem – und damit auch der Sportunterricht – vor dem Hintergrund einer prosperierenden Inklusionsthematisierung und insbesondere seit der Ratifizierung der UN-Behindertenrechtskonvention (s. u.) verstärkt in der völkerrechtlichen Pflicht steht, soziale Verantwortung für eine gerechtere Gesellschaft zu übernehmen. In diesem Bestreben – die Ausgrenzung von marginalisierten und diskriminierten Gesellschaftsgruppen zu überwinden – rücken auch im *Handlungsfeld Bewegung, Spiel und Sport* Menschen mit Behinderungen verstärkt in den Fokus der gesellschaftlichen sowie sport- und rehabilitationswissenschaftlichen Betrachtung. Dabei wird sowohl dem sogenannten *Mainstream Sport* (SMITH & WESTERBEEK 2007) als auch dem *Disability Sport* (MCCONKEY, DOWLING, HASSAN & MENKE 2013) gemeinhin ein hohes Potential attestiert, soziale Verantwortung für die Entwicklung einer gerechten Gesellschaft zu übernehmen. Auch wenn die inhaltliche und empirische Beantwortung der Frage, ob der Sport bzw. der Sportunterricht diesem Anspruch überhaupt gerecht werden kann, bis dato noch aussteht.[4]

---

3 Die *Inklusionsquote* gibt an, wie viele Schülerinnen und Schüler (Primarbereich und Sekundarstufe I) in Bezug auf die Gesamtheit aller Schülerinnen und Schüler inklusiv auf einer allgemeinen Schule unterrichtet werden. Der *Inklusionsanteil* gibt dagegen an, wie viele Schülerinnen und Schüler – in Bezug auf alle Schülerinnen und Schülern mit einem sonderpädagogischen Förderbedarf – inklusiv unterrichtet werden.

4 So bezeichnet beispielsweise COALTER (2007, S. 22) die Idee einer sozialen Wirksamkeit des Sports als ein *mythopoetisches Konzept*.

1. Einführung: Was ist Inklusion?

1.1 Bildungspolitische Hintergründe

Um die aktuelle Inklusionsdebatte einordnen zu können, ist es hilfreich, sich kurz mit den bildungspolitischen Hintergründen und der Ideengeschichte zu befassen. So finden sich Ursprünge der Inklusionsthematisierung etwa seit den 1970er-Jahren in der nordamerikanischen Bürgerrechtsbewegung sowie in der Behindertenrechtsbewegung, die federführend von den Selbsthilfeverbänden von Menschen mit Behinderungen geprägt wurden. Etwa zur gleichen Zeit wurden ähnliche Bestrebungen im Zusammenhang mit der – ebenfalls politisch motivierten – sogenannten *Krüppelbewegung* auch in Deutschland aufgegriffen. So kam es beispielsweise 1981 bei der nationalen Eröffnungsveranstaltung zum Internationalen Jahr der Behinderten in der Dortmunder Westfalenhalle zum Eklat, weil ein *Zug der dankbaren Krüppel und Idioten* durch die Halle zog und später – vor der Rede des damaligen Bundespräsidenten – die Hauptbühne von einer Gruppe behinderter Aktivisten besetzt wurde (ROHRMANN 2006, S. 176). Ziel der Aktion war, das damalige Behindertenbetreuungswesen einer radikalen Kritik zu unterziehen, weil es nichts erbracht hätte, außer „Ghettobildung, Isolation, Entmündigung und Misshandlung" (ROHRMANN 2006, S. 177).

Bildungspolitische Beachtung fanden diese emanzipativen Bestrebungen insbesondere bei zwei zentralen Ereignissen: Zum einen bei der *UNESCO World Conference on Special Needs Education*, die 1994 in Salamanca stattfand und die zu dem *Salamanca-Statement* führte (UNESCO 1994) und zum anderen im *Übereinkommen über die Rechte von Menschen mit Behinderung der Vereinten Nationen*. Dem Salamanca-Statement wird generell eine zentrale Bedeutung für die Verbreitung inklusiven Denkens zugesprochen, weil der Inklusionsbegriff in der Abschlusserklärung explizit verwendet wird und alle EU-Länder dazu aufgefordert werden, das Bildungskonzept der Inklusionspädagogik umzusetzen.

Die zentrale völkerrechtliche Quelle der aktuellen Inklusionsthematisierung stellt jedoch die UN-Behindertenrechtskonvention (UN-BRK) dar. Die UN-BRK und das dazugehörige Fakultativprotokoll (United Nations 2006), die von 2002 bis 2006 erarbeitet worden sind, wurden im Dezember 2006 von der Generalversammlung der UN zur Ratifizierung freigegeben. Beide Dokumente wurden von der Deutschen Bundesregierung im März 2007 unterzeichnet. Nachdem Deutschland die Ratifizierungsurkunde bei den Vereinten Nationen in New York hinterlegt hatte, ist die Konvention inklusive des Zusatzprotokolls seit dem 26. März 2009 für Deutschland rechtsverbindlich gültig. Grundlage ist dabei die

1. Einführung: Was ist Inklusion?

zwischen Deutschland, Liechtenstein, Österreich und der Schweiz abgestimmte Übersetzung (Bundesministerium für Arbeit und Soziales 2011).

Die UN-BRK wurde bis Ende 2016 von 164 Mitgliedsstaaten ratifiziert und ist damit für fast eine Milliarde Menschen weltweit gültig. Die von vielen Vertragsstaaten praktizierte Möglichkeit, bei der Unterzeichnung sogenannte *Declarations and Reservations* in Bezug auf einzelne Paragraphen eintragen zu lassen, wurde von der Bundesregierung nicht in Anspruch genommen, so dass beide Dokumente vollumfänglich gültig und rechtlich bindend sind. Das Fakultativprotokoll, das bis dato von etwa der Hälfte der Vertragsstaaten unterzeichnet wurde, räumt Einzelpersonen und zivilen Gruppierungen die Möglichkeit ein, ein internationales Beschwerdeverfahren zu eröffnen.

In Folge des gesamtgesellschaftlichen Anspruchs umfasst die UN-BRK 50 Artikel, wobei sich lediglich Artikel 24 mit Bildung beschäftigt. Beispiele für andere Lebensbereiche, in denen Inklusion wirksam werden soll, sind persönliche Mobilität, Gesundheit, Beschäftigung, Rehabilitation, politisches Leben, Gleichberechtigung, Nichtdiskriminierung u.v.m. Gehört es zu den Verpflichtungen der Unterzeichnerstaaten, den nationalen Inklusionsprozess zu dokumentieren, obliegt das offiziellen Monitoring in Deutschland dem *Deutschen Institut für Menschenrechte* in Berlin, das regelmäßig Zwischenberichte über den Stand der Umsetzung veröffentlicht und dem damit ein zentrale Rolle im Prozess der politischen Willensbildung zukommt.

Die bildungspolitische Brisanz der Inklusionsthematisierung zeigt sich u. a. in der deutschsprachigen Übersetzung der UN-BRK. So weist WANSING (2016, S. 4) darauf hin, dass „der Begriff der Inklusion in der offiziellen deutschen Übersetzung der UN-BRK tatsächlich nicht vorkommt", weil der englische Begriff *inclusion* durchgängig mit dem Wort Integration übersetzt wird. FRÜHAUF (2008) vermutet, dass damit die Reichweite der UN-BRK beschränkt werden solle, weil die Verwendung des Integrationsbegriffs keinen Handlungsbedarf am deutschen Bildungssystem impliziere.

Ohne, dass solche Fragen hier entschieden werden könnten, bleibt in Bezug auf die zentrale bildungspolitische Quelle zweierlei zu konstatieren: Zum einen wird bis dato überaus kontrovers und auch emotional diskutiert, was die UN-BRK beispielsweise für die Ausgestaltung eines inklusiven Schulsystems bedeutet. Zum anderen ist zu betonen, dass die UN-BRK als Menschenrechtskonvention keine unverbindliche politische Willensbekundung darstellt, sondern bindendes Recht. Die UN-BRK betont explizit, dass die volle Teilhabe von Men-

1. Einführung: Was ist Inklusion?

schen mit Behinderungen als Bürger einer Gesellschaft nicht als ein karitativer Akt zu verstehen ist, sondern ein völkerrechtlich verbrieftes Menschenrecht darstellt.

1.2 Segregation, Integration, Inklusion

Neben den bildungspolitischen Hintergründen lohnt sich auch ein kurzer Blick in die Entwicklung der (west-)deutschen Behindertenpädagogik, um einen Eindruck davon zu bekommen, welcher Paradigmenwechsel sich mit der Hinwendung zum Inklusionsbegriff verbindet. Bemühungen, Menschen mit Behinderungen nicht mehr aus der Gesellschaft und den Bildungssystemen auszuschließen **(Exklusion)**, existieren in der jüngeren Vergangenheit mindestens seit Anfang der 1960er-Jahre. Dabei waren bis in die Mitte der 1970er-Jahre die Paradigmen der Differenzierung und der Homogenisierung handlungsleitend. Besonderem Förderbedarf bzw. spezifischen Bedarfen wurde begegnet, indem differenzierte Schulformen geschaffen wurden, in denen spezialisierte Lehrkräfte in möglichst homogenen Leistungsgruppen arbeiten. So hat sich in (West-)Deutschland unter dem Fachbegriff der **Segregation** ein im internationalen Vergleich überaus leistungsfähiges Förderschulwesen etabliert, das bis heute in der Unterteilung in die unterschiedlichen Förderschwerpunkte fortbesteht. Eine unbeabsichtigte Folge dieser Herangehensweise war, dass sich – insbesondere im Kontext geistiger Behinderung – auch durchgängig exkludierende Lebensbiografien etablierten konnten: So kamen Personen beispielsweise aus dem Sonderkindergarten in die Sonderschule, von dort in eine Werkstatt für behinderte Menschen, um den Ruhestand in einem Wohnheim für Menschen mit Behinderungen zu verbringen.

Unter anderem um diese Eindimensionalität der Biographien und Bildungswege aufzubrechen, kam es im Zuge der Gesamtschuldebatte Anfang der 1970er-Jahre zum Übergang zur **Integration**. Dabei wurde weiterhin versucht, homogene Schülergruppen zu bilden, um diese dann in enger Anbindung an eine allgemeinbildende Schule zu unterrichten. Auch wenn räumliche Nähe damit gegeben war, fand der Unterricht üblicherweise weiterhin in „Sonderklassen" statt. Vor allem von den Selbsthilfeverbänden wurde diese Situation als weiterhin unbefriedigend kritisiert und so der Integrationsbegriff – lange vor der UN-BRK – international etwa ab Mitte der 1990er-Jahren zunehmend durch den Begriff der **Inklusion** abgelöst. Ein zentraler Paradigmenwechsel ist darin

1. Einführung: Was ist Inklusion?

zu erkennen, dass sich Menschen mit Behinderungen nun nicht mehr den gesellschaftlichen Systemen anzupassen haben, sondern die (Schul-)Systeme so zu verändern sind, dass die Barrieren für Menschen mit Behinderungen möglichst klein sind.

In Artikel 24 (2a) stellen die Vertragsstaaten in diesem Sinne fest, dass, „Menschen mit Behinderungen nicht aufgrund von Behinderung vom allgemeinen Bildungssystem ausgeschlossen werden und dass Kinder mit Behinderungen nicht aufgrund von Behinderung vom unentgeltlichen und obligatorischen Grundschulunterricht oder vom Besuch weiterführender Schulen ausgeschlossen werden". Auf die Zusammenführung möglichst homogener Gruppen von Menschen mit Behinderungen wird dabei weitestgehend verzichtet, da alle Schülerinnen und Schüler im Idealfall wohnortnah in ihrem sozialen Umfeld unterrichtet werden, wie es im Kindergarten und grundsätzlich auch in der Grundschule üblicherweise der Fall ist.

1.3 Diskurslinien im Inklusionsdiskurs

Um einen exemplarischen Überblick über offene Fragen in der Debatte zu vermitteln, werden zwei Aspekte übersichtsartig dargestellt, die sich als besonders kontrovers herauskristallisiert haben. So haben sich im deutschsprachigen Diskurs inzwischen zwei Lesarten der Inklusion etabliert, die BRODKORB (2012) als radikale und moderate Formen der Inklusion bezeichnet. Während radikale Inklusionsbefürworter in der Inklusion den (behinderten-)pädagogischen „Olymp der Entwicklung" (WOCKEN 2012, S. 72) oder gar einen „Grenzstein [...] zum Übergang in eine neue Welt" (DREHER 2012, S. 30) erkennen, verläuft die strukturelle Grenzlinie zwischen diesen beiden Auslegungen letztlich entlang der Geschwindigkeit und des Umfangs des Umbaus des bundesdeutschen Schulsystems. Beide Ansätze teilen das Bestreben, die Zahl der gemeinsam beschulten Schülerinnen und Schüler mit und ohne Behinderung zu erhöhen. Plädieren Vertreter einer radikalen Inklusion allerdings dafür, sämtliche Förderschulen aufzulösen und wirklich *alle* Schülerinnen und Schüler zusammen zu unterrichten, treten Vertreter einer moderaten Inklusion für den (partiellen) Fortbestand eines parallelen Förderschulsystems in Ergänzung zum allgemeinen Schulsystem ein. Unter dem Schlagwort des Elternwahlrechts argumentieren moderate Positionen, dass es auch Schülerinnen und Schüler gibt, die stärker von der Beschulung in einer spezifischen Einrichtung profitieren und dass den Erziehungsberechtigen bzw. den sogenannten Betroffenen, die Wahl zwischen den Schulformen nicht verwehrt werden dürfe. Beide Positionen legitimieren ihre Position im Übrigen durch den expliziten Bezug auf die UN-BRK.

Eine zweite, überaus kontrovers diskutierte Frage betrifft die sonderpädagogischen Förderschwerpunkte, wobei radikale Positionen argumentieren, dass die Zuweisung eines Förderschwerpunkts per se eine Diskriminierung darstelle, die Betroffenen stigmatisiert würden und eine vorurteilsfreie pädagogische Zuwendung unmöglich mache. In diesem Sinne fordern solche Positionen nicht nur die Auflösung sämtlicher Förderschulen, sondern auch die Auflösung aller sonderpädagogischer Förderschwerpunkte. Die moderate Gegenposition sieht in der Dekategorisierung vor allem die Gefahr, dass behindertenpädagogische Expertise verloren geht und die betroffenen Schülerinnen und Schüler nicht mehr die sonderpädagogische Förderung erhalten, die notwendig und in einem entsprechenden Förderschulsystem machbar ist.

1.4 Die Förderschwerpunkte

Grundsätzlich geht es im inklusiven Kontext von Schule und Behinderung nach den Vorgaben der Kultusministerkonferenz (2011, S. 6) um Schülerinnen und Schüler, „die langfristige körperliche, seelische, geistige Beeinträchtigungen oder Sinnesbeeinträchtigungen haben, welche sie in Wechselwirkung mit verschiedenen Barrieren an der vollen, wirksamen und gleichberechtigten Teilhabe an der Gesellschaft hindern können. Insofern ist der Behindertenbegriff der Konvention ein offener, an der Teilhabe orientierter Begriff. Er umfasst für den schulischen Bereich Kinder und Jugendliche mit Behinderungen oder chronischen Erkrankungen ohne sonderpädagogischen Förderbedarf ebenso wie Kinder und Jugendliche mit sonderpädagogischem Förderbedarf".

Schülerinnen und Schüler mit Behinderungen werden in Deutschland in acht unterschiedliche Förderschwerpunkte eingeteilt (vgl. Abb. 1). Ob ein Förderbedarf besteht, wird auf der Grundlage eines sonderpädagogischen Diagnoseverfahrens entschieden, an dem in der Regel Schüler, Eltern, Förderpädagogen, Schule und Schulträger beteiligt sind. Wird ein sonderpädagogischer Förderbedarf in einem oder mehreren der Förderschwerpunkte festgestellt, wird dadurch eine individuelle sonderpädagogische Förderung zugestanden. Zudem können reguläre Benotungsverfahren ausgesetzt und individuelle Prüfungsformen gefunden werden (sogenannter Nachteilsausgleich).

1. Einführung: Was ist Inklusion?

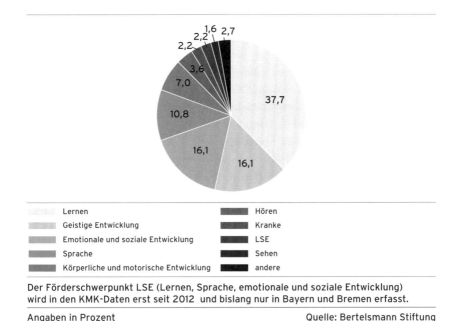

Der Förderschwerpunkt LSE (Lernen, Sprache, emotionale und soziale Entwicklung) wird in den KMK-Daten erst seit 2012 und bislang nur in Bayern und Bremen erfasst.

Angaben in Prozent   Quelle: Bertelsmann Stiftung

Abbildung 1: Anteile der Förderschwerpunkte, Schuljahr 2014/15. Die Abbildung macht deutlich, dass die Förderschwerpunkte extrem ungleich verteilt sind.

1.5 Unterstützungssysteme

Auch wenn Inklusion in Deutschland als Flickenteppich bezeichnet wurde, so haben sich gleichwohl alle Bundesländer auf den Weg begeben, ihre Schulsysteme inklusiv umzugestalten; eine erste Phase der Schulgesetzgebung ist inzwischen abgeschlossen. Die Details dieser Umstellung regeln die jeweiligen Schulgesetze sowie die entsprechenden sonderpädagogischen Verordnungen. Trotz großer Unterschiede existieren dabei in allen Bundeländern Bestrebungen, Förderschulen in Beratungs- und Förderzentren umzuwandeln, die – je nach Förderschwerpunkt – für eine zugewiesene Region verantwortlich sind.[5] In diesem ambulanten System haben Förderschullehrkräfte vorrangig die Aufgabe, sowohl

---

5 Die Bezeichnung dieser Einrichtungen variiert: Spricht u. a. Hessen von (über-)regionalen Beratungs- und Förderzentren (BFZ), werden sie u. a. in Bayern als mobiler sonderpädagogischer Dienst (MSD) bezeichnet.

1. Einführung: Was ist Inklusion?

Schülerinnen und Schüler mit sonderpädagogischem Förderbedarf als auch Regelschullehrkräfte in ihrer pädagogischen Arbeit vor Ort zu unterstützen.

Können Regelschullehrkräfte über die Beratungs- und Förderzentren sonderpädagogische Unterstützung erhalten, bedeutet dies, dass sie für Formen der kollegialen Beratung offen sein müssen und dass es zukünftig stärker, als es bisher üblich ist, (auch in den weiterführenden Schulen) um die koordinierte Arbeit in multiprofessionellen Teams gehen wird (vgl. KLEINDIENST-CACHAY, FROHN & KASTRUP 2016, S. 30). Kommen Schülerinnen oder Schüler mit Behinderungen an eine allgemeinbildende Schule oder besteht der Verdacht, dass ein sonderpädagogischer Förderbedarf vorliegt, sind das BFZ bzw. der MSD Ansprechpartner, um eine entsprechende Diagnostik durchzuführen, sowie Unterstützung und Förderung zu initiieren. Als hilfreich hat sich erwiesen, für jeden Förderschwerpunkt feste Ansprechpartner in den Schulen zu benennen, an die sich Schüler, Kollegen und Eltern wenden können, um niedrigschwellig erste Informationen zu erhalten. Die ambulanten Beratungslehrkräfte helfen auch bei schulrechtlichen Fragen, wie beispielsweise nach welchem Lehrplan die jeweiligen Schülerinnen und Schüler zu unterrichten sind, ob es um Formen zielgleichen oder zieldifferenten Unterrichts geht oder auch bei der Gestaltung von bedarfsgerechten Arbeitsmaterialien.

1.6 Fazit

Dieser Einleitungsbeitrag möchte einen Überblick über den aktuellen Inklusionsdiskurs geben und für dominierende Fragestellungen im schulischen Kontext sensibilisieren. Inklusion ist dabei als Prozess zu verstehen, an dessen Anfang – auch weiterhin – viele offene Fragen stehen. (Sport-)Lehrkräfte sollten sich dabei nicht von absoluten Ansprüchen an Inklusion einschüchtern lassen, sondern den Mut haben, sich mit kleinen Schritten auf den Weg zu machen, wie es auch die Autorinnen und Autoren der nachfolgenden Praxisbeiträge getan haben. In diesem Sinne möchte das vorliegende Buch Mut machen, um eventuell vorhandene Unsicherheiten oder Berührungsängste im Kontakt mit Menschen mit Behinderungen zu überwinden.

Literatur

AHRBECK, B. (2014): *Inklusion. Eine Kritik.* Stuttgart: Kohlhammer.
BRODKORB, M. (2012): Warum Inklusion unmöglich ist. In M. Brodkorb & K. Koch (Hrsg.), *Das Menschenbild der Inklusion* (S. 13–36). Ministerium für Bildung & Wissenschaft Mecklenburg-Vorpommern.
BUNDESMINISTERIUM FÜR ARBEIT UND SOZIALES (2011): Übereinkommen über die Rechte von Menschen mit Behinderungen (A 729), Bonn. http://www.bmas.de/SharedDocs/Downloads/DE/PDF-Publikationen/a729-un-konvention.pdf?__blob=publicationFile
COALTER, F. (2007): *A wider social role for Sport: Who's keeping the Score?* New York: Taylor & Francis.
DREHER, W. (2012): Winds of change – Inklusion wollen. In C. Breyer, G. Fohrer, W. Goschler, M. Heger, C. Kießling & C. Ratz (Hrsg.), *Sonderpädagogik und Inklusion* (S. 27–42). Oberhausen: Athena.
FRÜHAUF, T. (2008): Von der Integration zur Inklusion – ein Überblick. In A. Hinz, I. Körner & U. Niehoff (Hrsg.), *Von der Integration zur Inklusion* (S. 11–32). Marburg: Lebenshilfe-Verlag.
HERZ, B. (2014): Pädagogik bei Verhaltensstörungen: An den Rand gedrängt? *Zeitschrift für Heilpädagogik, 65* (1), 4–14.
KLEINDIENST-CACHAY, C., FROHN, J. & KASTRUP, V. (2016): Bewegung, Spiel und Sport in der Grundschule – Aufgaben, Ziele, Strukturen. In C. Kleindienst-Cachay, J. Frohn & V. Kastrup (Hrsg.), *Sportunterricht* (S. 3–34). Baltmannsweiler: Schneider Hohengehren.
KLEMM, K. (2015): *Inklusion in Deutschland. Daten und Fakten* (Bertelsmann Stiftung, Hrsg.), Gütersloh. https://www.bertelsmann-stiftung.de/fileadmin/files/BSt/Publikationen/GrauePublikationen/Studie_IB_Klemm_Inklusion_2015.pdf
KULTUSMINISTERKONFERENZ (2011): *Inklusive Bildung von Kindern und Jugendlichen mit Behinderungen in Schulen* (Beschluss der Kultusministerkonferenz vom 20.10.2011).
MCCONKEY, R., DOWLING, S., HASSAN, D. & MENKE, S. (2013): Promoting social inclusion through Unified Sports for youth with intellectual disabilities: a five-nation study. *Journal of intellectual disability research: JIDR, 57* (10), 923–935.
MUSENBERG, O. & RIEGERT, J. (2015): Inklusiver Fachunterricht als didaktische Herausforderung. In O. Musenberg & J. Riegert (Hrsg.), *Inklusiver Fachunterricht in der Sekundarstufe* (S. 13–38). Stuttgart: Kohlhammer.
ROHRMANN, E. (2006): Zwischen Selbstbestimmung und Menschenrechtsverletzungen. In G. Hermes & E. Rohrmann (Hrsg.), *„Nichts über uns – ohne uns!"* (S. 175–194). Neu-Ulm: AG SPAK-Bücher.
SMITH, A. C. & WESTERBEEK, H. M. (2007): Sport as a Vehicle for Deploying Corporate Social Responsibility. *Journal of Corporate Citizenship, 2007* (25), 43–54.
UNESCO (1994): *The Salamanca Statement and Framework for Action on Special Needs Education.* http://www.unesco.org/education/pdf/SALAMA_E.PDF
UNITED NATIONS (2006): *Convention on the Rights of Persons with Disabilities and Optional Protocol* http://www.un.org/disabilities/documents/convention/convoptprot-e.pdf
WANSING, G. (2016): Was bedeutet Inklusion? *Der Bürger im Staat, 66* (1), 4–9.
WOCKEN, H. (2012): *Das Haus der inklusiven Schule. Baustellen – Baupläne – Bausteine.* Hamburg: Feldhaus.

2. Grundlagen: Inklusiver Sportunterricht in der Grundschule (von Martin Giese)

Nehmen wir in diesem Kapitel spezieller den inklusiven Sportunterricht in der Grundschule in den Blick, ist – im Sinne des Einleitungsbeitrags – zunächst darauf hinzuweisen, dass die Chance auf eine inklusive Beschulung in Deutschland stark vom Alter der Schüler sowie von der Schulform abhängig ist. Betrug der Inklusionsanteil im Schuljahr 2013/14 in den bundesdeutschen Kitas 67 Prozent und in den Grundschulen 46,9 Prozent, „fällt er in der Sekundarstufe auf 29,9 Prozent" (KLEMM 2015, S. 6).[6] Gleichzeitig zeigen sich aber auch umfangreiche Auswirkungen des angestoßenen Inklusionsprozesses: Lag die sogenannte Inklusionsquote im Schuljahr 2008/09 insgesamt noch bei 18,4 Prozent,[7] ist sie bis zum Schuljahr 2013/14 auf 31,4 Prozent angestiegen. Da im selben Zeitraum allerdings auch die Anzahl an Schülerinnen und Schülern, bei denen ein sonderpädagogischer Förderbedarf diagnostiziert wurde, um 13 Prozent gestiegen ist, hatte die Steigerung der Inklusionsquote jedoch keine nennenswerten Auswirkungen auf die absolute Zahl an Kindern, die auf einer Förderschule unterrichtet werden (KLEMM 2015, S. 6).

Auch wenn diese Zahlen zeigen, dass inklusiver (Sport-)Unterricht – insbesondere im Vergleich zu den Gymnasien – an den Grundschulen bereits großflächig umgesetzt ist und für die überwiegende Mehrzahl der Grundschullehrkräfte zur alltäglichen Unterrichtsrealität gehört (vgl. KLEINDIENST-CACHAY, FROHN & KASTRUP 2016, S. 27), wird der Inklusionsprozess auch an den Grundschulen weiter zu Veränderungen führen. Zu erwarten ist, dass die Heterogenität der Schülerschaft insbesondere im Kontext von Behinderung weiter zunimmt und damit auch die Bedeutung des Arbeitens in multiprofessionellen Teams (vgl. KLEINDIENST-CACHAY et al. 2016, S. 28). Das liegt u. a. daran, dass die Zahl der Förderschulen in allen Bundesländern – mit tendenziell zunehmender Geschwindigkeit – sinkt und dass an den verbleibenden Förderschulen primär Schülerinnen und Schüler beschult werden, die mit besonders umfangreichen Einschränkungen und Behinderungen konfrontiert sind. Von diesen Entwicklungstendenzen sind zwar grundsätzlich alle Förderschwerpunkte be-

---

6 Im Sinne eines inklusiven Schulsystems erscheint zudem problematisch, dass sich die inklusive Beschulung in der Sekundarstufe primär auf Haupt- und Gesamtschulen beschränkt.
7 Die *Inklusionsquote* gibt an, wie viele Schülerinnen und Schüler (Primarbereich und Sekundarstufe I) in Bezug auf die Gesamtheit aller Schülerinnen und Schüler inklusiv auf einer allgemeinen Schule unterrichtet werden. Der *Inklusionsanteil* gibt dagegen an, wie viele Schülerinnen und Schüler – in Bezug auf alle Schülerinnen und Schülern mit einem sonderpädagogischen Förderbedarf – inklusiv unterrichtet werden.

2. Grundlagen: Inklusiver Sportunterricht in der Grundschule

troffen, in besonderer Weise trifft dies allerdings für Schülerinnen und Schüler mit den Förderschwerpunkten *Lernen, Sprache* sowie *emotionale und soziale Entwicklung* zu.[8]

Da auch die unbestrittene Tatsache, dass die Mehrzahl der Lehrkräfte für diese (sonder-)pädagogische Herausforderung bis dato nicht ausgebildet ist, an dieser Entwicklung nichts ändern wird, erscheint es umso wichtiger, sich mit einem Grundwissen an sonderpädagogischer Expertise (vgl. Kap. 2.3) sowie mit didaktischen Grundlagen des inklusiven Sportunterrichts für die Grundschule vertraut zu machen (vgl. Kap. 2.2), um eine positive Einstellung für die anstehenden Herausforderungen zu entwickeln, die nicht von Vermeidungstendenzen oder Überforderungsgefühlen bestimmt ist (vgl. Kap. 2.1).

2.1 Eine positive Einstellung zur Inklusion gewinnen

> **Praxisbeispiel**: In der Lehrplankonferenz verständigen sich die Kolleginnen und Kollegen darauf, wer im nächsten Schuljahr welche Klassen im Unterrichtsfach Sport übernimmt. Als es um die 3b geht, verkündet eine Kollegin, dass sie in dieser Klasse nicht eingesetzt werden könne. Sie begründet es damit, dass in der Klasse drei Inklusionsschüler seien und sie für eine solche Schülerschaft nicht ausgebildet sei. Sie gibt an, aus selbigem Grund auch nicht im inklusiven Setting eingesetzt werden zu wollen.

Dieses Beispiel mag veranschaulichen, dass die Haltung von Lehrkräften eine entscheidende Bedingung für eine gelingende Inklusion darstellt. Eine Befragung durch HEYL und SEIFRIED (2014) konnte zeigen, dass Förderschullehrkräfte der Inklusion (unter den Lehrkräften aller Schulformen) am positivsten gegenüberstehen. Weitere Faktoren, die die Haltung zur Inklusion beeinflussen, sind das Vorhandensein beruflicher oder privater Erfahrungen mit Menschen mit Behinderungen, das Selbstwirksamkeitsempfinden sowie die Teilnahme an Fortbildungen zum Thema.

---

[8] In diesen Förderschwerpunkten verzichten einige Bundesländer schon heute – zumindest zu Beginn der Schulzeit – gänzlich auf die Feststellung eines sonderpädagogischen Förderbedarfs und weisen den Schulen stattdessen pauschale Förderressourcen zu (vgl. KLEMM 2015, S. 32).

2. Grundlagen: Inklusiver Sportunterricht in der Grundschule

Selbstbeobachtungsbogen für Lehrkräfte	Trifft zu	Trifft kaum zu	Trifft eher zu	Trifft voll und ganz zu
Ich habe Kontakt zu Menschen mit Behinderungen.				
Ich habe Berührungsängste im Umgang mit Menschen mit Behinderungen.				
Ich kenne Sportarten für Menschen mit Behinderungen.				
Ich kenne die unterschiedlichen Förderschwerpunkte.				
Menschen mit Behinderungen sind im Sport genauso leistungsfähig wie andere Schüler auch.				
Ich würde gerne mit Menschen mit Behinderungen zusammen Sport machen.				
Menschen mit Behinderungen können am regulären Sportunterricht teilnehmen.				

Die Studienergebnisse und eventuell auch ein Selbstbeobachtungsbogen (vgl. Beispiel oben) lassen erkennen, dass es nicht immer einfach ist, offen für Inklusion zu sein. Damit ist ein relevanter Aspekt angesprochen, denn die eigene Haltung entsteht in der Regel aus langwierigen Sozialisations- und Erziehungsprozessen und wird von den Lehrkräften auf dieser Basis in den Beruf mitgenommen. Im Rahmen von Aus- und Fortbildung ist sie schwer greifbar und noch schwerer zu „bearbeiten". Der Wille, mit der Heterogenität der Schülerinnen und Schüler wertschätzend umzugehen, sie also als Bereicherung für das eigene Unterrichten zu begreifen und nicht als Störfaktor, ist allerdings eine wesentliche Voraussetzung dafür, dass Inklusion gelingt. Vor diesem Hintergrund erscheint es sinnvoll, sich auch über die eigene Einstellung zur Inklusion klar zu werden und diese kritisch zu reflektieren. Dabei können folgende Emoticons helfen.

Emoticons

Selbstreflexion: Welches Bild passt zu meiner Einstellung zur Inklusion?

2.2 Didaktisch-methodische Ansätze im Sportunterricht

Ging es im vorausgehenden Kapitel darum, für die Bedeutung der inneren Einstellung gegenüber der Inklusion zu sensibilisieren sowie darum, der eigenen Haltung überhaupt auf die Spur zu kommen, soll der folgende Abschnitt die Grundlagen einer inklusiven Fachdidaktik im Sportunterricht der Grundschule darstellen. Dabei werden im Kontext inklusiver Unterrichtssettings grundsätzlich sogenannte *induktive, erfahrungsorientierte, psychomotorische bzw. ganz allgemein offene Unterrichtsverfahren* bevorzugt (vgl. GIESE & WEIGELT 2015; KLEIN 2016; Solzbacher 2014; ZIMMER 2014). Solche Verfahren zeichnen sich dadurch aus, dass die Schülerinnen und Schüler stärker als sonst üblich an der Planung und Durchführung des Unterrichts beteiligt werden. Beispielsweise sind sie bei der Vermittlung von Bewegungstechniken dazu angehalten, so weit wie möglich selbstständig nach Lösungen von Bewegungsaufgaben zu suchen und eigene Lösungswege zu entwickeln.

Da es bei der Inklusion immer auch um den Erhalt bzw. die Förderung der Selbstständigkeit der Lernenden geht, erscheinen solche Unterrichtsformen, die den Lernenden viel Eigenständigkeit einräumen, grundsätzlich besonders geeignet, um Inklusion im Unterricht zu realisieren, um damit Formen der Selbstständigkeit auch im Sportunterricht einzuüben.

The Inclusion Spectrum

Zur Gestaltung inklusiver Settings im Sportunterricht wird im deutschsprachigen Inklusionsdiskurs im Kontext von Bewegung, Spiel und Sport häufig auf das sogenannte *The Inclusion Spectrum* von BLACK und STEVENSON (2012) verwiesen (vgl. u.a. SCHEID & FRIEDRICH 2015; SCHOO 2015). Black und Stevenson benennen dabei unterschiedliche Formen, wie Menschen mit und ohne Behinderung gemeinsam Sport treiben können (vgl. Abb.):

- Offene Aktivitäten - Jeder kann mitmachen: Spielformen, an denen alle teilhaben können, ohne Modifikationen der Spielidee (Bewegungslandschaften, psychomotorische Inhalte, Singspiele etc.).
- Modifizierte Aktivitäten mit angepassten Regeln: Alle spielen dasselbe Spiel bzw. nehmen an der gleichen Aktivität teil. Die Regeln, die Spielgeräte oder das Sportgelände werden so angepasst, dass möglichst jede Schülerin und jeder Schüler am Spiel teilnehmen kann (z.B. mit individuell geeignetem Wurfgerät).

2. Grundlagen: Inklusiver Sportunterricht in der Grundschule

- Parallele Aktivitäten in Gruppen je nach Fähigkeiten: Unterschiedliche Gruppen bearbeiten jeweils für sich dasselbe Thema unter jeweils angepassten Rahmenbedingungen (Volley- und Sitzvolleyball).
- Separate Aktivitäten: Unterrichtssituationen, in denen es sinnvoll erscheint, dass unterschiedliche Teile einer Gruppe jeweils für sich an unterschiedlichen Themen arbeiten (Rollstuhlfahrende machen Wurfübungen, während der Rest der Gruppe Sprungübungen ausführt).
- Behindertensport für alle mit angepassten körperlichen Aktivitäten: Sportarten aus dem Behindertensport wie Rollstuhlbasketball oder Blindenfußball (GIESE & SCHUMANN 2015) werden von allen praktiziert, auch wenn keine Behinderung gegeben ist.

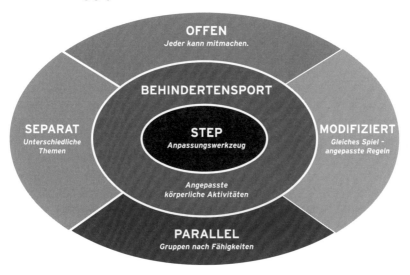

„The Inclusion Spectrum" unter Einbeziehung von STEP
(in Anlehnung an Black/Stevenson 2012)

STEP

Um systematisch Möglichkeiten aufzuzeigen, wie die Anpassungen der Sportarten aussehen können, hat in letzter Zeit aus internationaler Perspektive vor allem STEP Eingang in die deutschsprachige Inklusionsdebatte gefunden (vgl. SCHOO 2013, 2015). STEP zeigt Modifikationsmöglichkeiten für den Sportunterricht auf, die eine gleichberechtigte Teilhabe aller fördern sollen:

2. Grundlagen: Inklusiver Sportunterricht in der Grundschule

- **S** = Space/Raum: Spielfeldmodifikationen wie Zonierung, Vergrößerung, Verkleinerung, Entfernungsvariationen. So kann z. B. ein Spielfeld in drei Längszonen eingeteilt werden. In jeder Zone spielen Schülerinnen und Schüler mit ähnlichen Fertigkeiten, die sich nur in dieser Zone bewegen dürfen (vgl. SCHOO 2015, S. 135).
- **T** = Task/Aufgabe: Änderungen von Aufgabenstellungen oder Anforderungen z. B. zwecks Vereinfachung. Beim Brennball könnte das so aussehen, dass bei jedem Wurf mindestens ein Kind in jeder Zone angespielt werden muss, da sonst schwächere Kinder weniger angespielt werden. Bei einer Schülerin mit einer hochgradigen Sehbehinderung könnte das ggf. bedeuten, dass nur sie den Ball in den „Verbrannt-Kasten" prellen darf, den sie vorher von einem sehenden Mitspieler bekommt.
- **E** = Equipment/Ausrüstung: So können z. B. bei Bällen die Größe, das Gewicht, die Oberflächenbeschaffenheit etc. variiert oder Bälle verwendet werden, die akustisch wahrnehmbar sind etc.
- **P** = People/Teilnehmer: Teamzusammenstellung in Bezug auf die Anzahl oder die Stärke der Spielerinnen und Spieler.

Insgesamt sensibilisieren das *The inclusion spectrum* und STEP dafür, dass es im Sportunterricht darum geht, eine sinnvolle Mischung aus individualisierten und gemeinsamen Bewegungssituationen zu konzipieren, was von KLEINDIENST-CACHAY et al. (2016, S. 28) explizit auch auf den inklusiven Sportunterricht an den Grundschulen übertragen wird.

Erweisen sich die Systematisierungsvorschläge von BLACK und STEVENSON (2012) in der Praxis als hilfreich, um inklusiven Sportunterricht zu konzipieren, bleibt allerdings die zentrale Frage bestehen, welche Änderungen unter welchen Bedingungen und in welchen Situationen tatsächlich eine Hilfe für Schülerinnen und Schüler mit einer Einschränkung oder einer Behinderung darstellen. Um ein basales Hintergrundwissen zur Beantwortung dieser Fragen in Bezug auf die sonderpädagogischen Förderschwerpunkte zu generieren, werden diese im Folgenden kurz dargestellt.

2.3 Sonderpädagogische Expertise gewinnen

Es wurde bereits darauf verwiesen, dass es im inklusiven Unterricht im Kontext von Bewegung, Spiel, Sport und Behinderung hilfreich bzw. notwendig erscheint,

2. Grundlagen: Inklusiver Sportunterricht in der Grundschule

sich mit den unterschiedlichen Förderschwerpunkten vertraut zu machen. Im Folgenden werden basale Hintergrundinformationen dargestellt und um Hinweise zum inklusiven Sportunterricht ergänzt.[9] Die Hinweise zu den jeweiligen Förderschwerpunkten sind dabei als Zusammenfassungen zu verstehen, die ohne Anspruch auf Vollständigkeit praktische Hilfen bei der eigenen Unterrichtsgestaltung bieten sollen. Dabei sei ausdrücklich darauf hingewiesen, dass nicht der Eindruck *einfacher Lösungen* suggeriert werden soll. Die notwendigen Anpassungen im Sportunterricht sind das Ergebnis anspruchsvoller, manchmal auch widerständiger und vor allem individueller Abstimmungsprozesse zwischen den jeweiligen Kindern, den Lehrkräften, den Erziehungsberechtigen, der Schulleitung und ggf. der Schulaufsichtsbehörde.

Zudem soll – weil es überaus wichtig erscheint – darauf hingewiesen werden, **dass Behinderung nicht als individuelle Eigenschaft einer Person verstanden werden kann.** Ob sich beispielsweise eine bestimmte Augenkrankheit oder das Fehlen eines Armes etc. im Alltag oder in der Schule tatsächlich behindernd auswirkt, hängt wesentlich davon ab, wie Lehrkräfte schulische Rahmenbedingungen gestalten.

> **Praxisbeispiel**: In der Klasse 4a befinden sich drei Kinder mit unterschiedlichen Förderschwerpunkten. Ruth (Förderschwerpunkt *Sehen*) ist hochgradig sehbehindert und kann Arbeitsblätter nur lesen, wenn sie mindestens mit Schriftgröße 20 auf reinweißem Papier mit maximalem Kontrast gedruckt sind. Murat (Förderschwerpunkt *Sehen*) ist blind und arbeitet ausschließlich mit der Punktschrift (Brailleschrift). Lennart hat eine Lernbehinderung (Förderschwerpunkt *Lernen*) und benötigt eine einfache Sprache, um mit Arbeitsmaterialien umgehen zu können. Im Sportunterricht teilt die Lehrkraft ein Arbeitsblatt aus, auf dem sich drei Bewegungsbilder der Rolle vorwärts mit wenigen erläuternden Hinweisen befinden.

---

9 Es ist an dieser Stelle explizit zu erwähnen, dass die Darstellung von behindertenpädagogischem Hintergrundwissen selbstverständlich nur oberflächlich erfolgen kann und keinerlei Anspruch auf Vollständigkeit erhebt. Bedenken Sie, dass jeder einzelne Förderschwerpunkt in Deutschland ein eigenständiges Studienfach darstellt. Ergänzend zu den hier gegebenen Informationen wird ausdrücklich dazu geraten, sich mit Förderschullehrkräften aus den jeweiligen Förderschwerpunkten in Verbindung zu setzen, um die (förder-)pädagogische Unterstützung zu optimieren. Weitere Infos in Bezug auf den Sportunterricht finden sich bei Giese & Weigelt (2017).

2. Grundlagen: Inklusiver Sportunterricht in der Grundschule

> Ob sich in dieser Unterrichtssituation ein inklusives Setting entwickeln kann oder ob das Unterrichtssetting die Schüler behindert, liegt stark an der Qualität des Arbeitsmaterials, das die Lehrkraft vorbereitet hat. Sind Schrift und Bilder zu klein, der Text zu kompliziert oder liegt das Arbeitsmaterial nicht in Punktschrift vor, wirken sich die individuellen Besonderheiten der Schüler letztlich nur deshalb – und vor allem auch unnötig (!) – behindernd aus, weil die Lehrkraft nicht adäquat auf die Besonderheiten der Schülerinnen und Schüler eingegangen ist.

Förderschwerpunkt *Lernen*

Als lernbehindert gelten Schülerinnen und Schüler, deren Lernbeeinträchtigungen über einen längeren Zeitraum bestehen. Zudem müssen mehrere Lernbereiche betroffen sein. Eine Lernbehinderung grenzt sich dadurch von Lernschwierigkeiten, die z. B. durch Krisen wie dem Tod eines Familienmitgliedes ausgelöst werden, ab. Bezogen auf die kognitiven Fähigkeiten wirken sich Lernbeeinträchtigungen in unterschiedlichem Maße auf metakognitive Faktoren wie z. B. die Nutzung von Lernstrategien und auf basale Fähigkeiten wie Rechnen, Schreiben, Lesen, Motivation, Aufmerksamkeit und Konzentration aus. Die Ursachen für Lernbehinderungen müssen in diesem Sinn als multifaktoriell betrachtet werden. Auch genetische und umweltbedingte Faktoren können sich negativ auf die Entwicklung auswirken. Dazu können Nikotin-, Alkohol-, Tabletten- oder Drogenmissbrauch in der Schwangerschaft zählen. Auch das familiäre Umfeld spielt eine große Rolle, indem es eine reizarme oder -reiche Lernumgebung schon in jüngsten Lebensjahren vorhält (vgl. GREISBACH 2017).

Prävalenz: Der Förderschwerpunkt *Lernen* ist mit Abstand der größte Förderschwerpunkt. Von den Schülerinnen und Schülern mit einem diagnostizierten Förderbedarf sind fast zwei Fünftel diesem Förderschwerpunkt zugeordnet. Die Förderquoten differieren allerdings zwischen den einzelnen Bundesländern. Insgesamt werden bundesweit 35,2 Prozent aller Schüler mit dem Förderschwerpunkt *Lernen* an allgemeinbildenden Schulen unterrichtet.

Was ist bei der Inklusion zu beachten? Das generelle Unterrichtssetting sollte die Gesamtlerngruppe sein. Manchmal empfiehlt es sich jedoch, eine Leseförderung z. B. in einer Kleingruppe durchzuführen. Mögliche mangelnde Lese-

2. Grundlagen: Inklusiver Sportunterricht in der Grundschule

und Schreibkompetenzen sind bei der Planung besonders in den Blick zu nehmen. Auch mögliche Einschränkungen im Wortschatz und im Sprachverständnis sind zu berücksichtigen. Einfache oder leichte Sprache kann hier behilflich sein. Sie zeichnet sich durch kurze Sätze, das Vermeiden von Nebensätzen, dem Konjunktiv sowie Genitiv- und Passivformen aus. Sätze sollten in einfacher grammatikalischer Struktur verfasst sein (Subjekt – Prädikat – Objekt), Substantivierungen und Fremdwörter ausgespart werden (vgl. GREISBACH 2017).

Was ist im Sportunterricht zu beachten? Häufig spielt dieser Förderschwerpunkt im Sportunterricht keine explizite Rolle. Allgemein sollten Instruktionen und Regeln eindeutig und in einfacher Sprache formuliert werden. GREISBACH (2017) benennt ein Beispiel zur verbalen Selbstinstruktion aus dem Bewegungsunterricht, welches sie zum Unterrichten im Förderschwerpunkt *Lernen* empfiehlt: Die Vermittlung komplexerer Bewegungsabläufe sollte schrittweise aufgebaut werden: sagen, zeigen, mit eigenen Worten erklären lassen, vormachen lassen, Fragen klären und konkrete Handlungsanweisungen geben.

Förderschwerpunkt *Geistige Entwicklung (GE)*

Unter den Förderschwerpunkt *Geistige Entwicklung* fasst man Schülerinnen und Schüler, bei denen eine „geistige Behinderung" diagnostiziert wurde. Zusätzlich zählen auch Schüler mit einer schweren oder einer mehrfachen Behinderung dazu, welche häufig mit vielfältigen „Behinderungserfahrungen" in ihrem Leben zu tun haben. Bei der Einteilung kommt nach wie vor dem *kognitionspsychologischen Modell* eine große Bedeutung zu, welches davon ausgeht, „dass sich die Intelligenz von Personen mit einer geistigen Behinderung durch einen verminderten Differenzierungsgrad auszeichnet, der sich in Form einer veränderten Wahrnehmung und Verarbeitung von Reizen und Informationen äußert" (SCHUPPENER 2017, S. 69). Sowohl eine geistige Behinderung als auch eine schwere Mehrfachbeeinträchtigung werden stets durch drei Aspekte geprägt: *soziale Determiniertheit* (= externe Einflüsse), *Entwicklungsfähigkeit* (= externe und interne Einflüsse) und *subjektive Ausdrücke von Kompetenz* (= interne Einflüsse). Aufgrund der hohen Heterogenität ergeben sich jedoch Probleme in der Diagnostik. Prinzipiell betrachtet man dabei die Beeinträchtigung immer aus der medizinischen und aus der pädagogischen Sicht, woraus sich für den schulischen Kontext ein *individueller Förderplan* ergeben kann. Häufige Diagnosen sind z. B. das Down-Syndrom oder Autismus-Spektrum-Störungen.

2. Grundlagen: Inklusiver Sportunterricht in der Grundschule

Prävalenzen: Die Anzahl der Schülerinnen und Schüler, die insgesamt den Förderschwerpunkten *GE* und *Lernen* zugerechnet werden, beträgt ca. zwei Drittel aller Schüler mit einem sonderpädagogischen Förderbedarf. Auf den Förderschwerpunkt *GE* entfallen dabei ca. 16 Prozent aller Schüler mit einem sonderpädagogischen Förderbedarf, weshalb ihm eine hohe Relevanz für den schulischen Unterricht zuzusprechen ist.

Was ist bei der Inklusion zu beachten? Übergeordnete Ziele im inklusiven Unterricht sind die soziale Integration sowie die Persönlichkeitsentwicklung. Dabei ist darauf zu achten, eine ausgewogene Mischung zwischen Gruppen- und Einzelangeboten zu finden, weil es im Kontext von Mehrfachbehinderung immer auch um basale und pflegerische Einzelangebote gehen kann (z. B. Körperhygiene, Anziehen, Essen etc.). Bei der Unterrichtsplanung ist intensiv auf die Elternzusammenarbeit und kollegiale Teamarbeit zu achten, die als Grundlage einer kompetenten Diagnostik und Förderplanung zu betrachten sind.

Was ist im Sportunterricht zu beachten? In Hinblick auf Bewegungsangebote im schulischen Kontext existieren unterschiedliche und hilfreiche Konzepte, die sich auf *Unterstützte Kommunikation* (UK), *TEACHH* (= strukturiertes Unterrichten), *basale Stimulation* bzw. *Aktivierung* oder Angebote zur *Wahrnehmungsförderung*, zur *Psychomotorik* oder zur *Krankengymnastik* beziehen. Im Rahmen der Unterrichtsplanung gilt es, individuelle Besonderheiten und Bedarfe der Kinder zu berücksichtigen. Man sollte mit Ritualen und wiederholenden Elementen arbeiten und ggf. wiederkehrende Abläufe visualisieren. Auch rhythmische Bewegungsangebote stoßen häufig auf positive Resonanz. Prinzipiell ist es wichtig, den Raum gut zu strukturieren, da es sonst zu einer Reizüberflutung kommen kann. Mit dem „Leistungsgedanken" sollte man sich dabei grundsätzlich kritisch auseinandersetzen und andere Aspekte mitberücksichtigen, die individuell von größerer Bedeutung sein können. Eine Dreiteilung des Sportunterrichts wäre ebenfalls möglich, indem man die *gemeinsame Arbeitsphase*, den *differenzierten und individualisierten Übungsteil* und die *gemeinsame Abschlussphase* separat betrachtet.

Förderschwerpunkt *Emotionale und soziale Entwicklung* (ESE)

Im Kontext des Förderschwerpunkts *Emotionale und soziale Entwicklung* spricht man auch von einer sogenannten Verhaltensstörung. Damit ist ein

2. Grundlagen: Inklusiver Sportunterricht in der Grundschule

abweichendes Verhalten gemeint, das übliche kulturelle Erwartungsnormen bewusst oder unbewusst ignoriert und „wegen seines Schweregrades die Entwicklungs-, Lern- und Arbeitsfähigkeit sowie das Interaktionsgeschehen in der Umwelt beeinträchtigt und ohne besondere pädagogisch-therapeutische Hilfe nicht oder nur unzureichend überwunden werden kann" (Ricking 2017, S. 131). Das unangepasste Verhalten muss dabei längerfristig bestehen, nicht dem Alter entsprechen und darf nicht auf besondere Lebensumstände zurückzuführen sein. Kinder, die diesem Förderschwerpunkt zugeordnet sind, haben häufig Probleme im Umgang mit sich selbst sowie mit der sozialen Umwelt. Häufig fehlt die Fähigkeit zur Empathie oder zur Regulation belastender Emotionen. Dabei können grundsätzlich sehr unterschiedliche Störungsbilder unter den Förderschwerpunkt fallen: Angststörungen (ca. 18 Prozent), depressive sowie aggressiv-dissoziale Störungen (beide ca. 10 Prozent) und Aufmerksamkeitsstörungen wie ADHS (ca. 4 Prozent). Aber es sind auch Kinder und Jugendliche, die sich in sozialen Situationen zurückziehen, verunsichert, angstvoll und gehemmt sind (vgl. Ricking 2017). Auslöser für psychische Störungen und abweichendes Verhalten in der Kindheit sind neben genetischen und neurologischen Faktoren die Entwicklungsbedingungen in der Familie: fehlende elterliche Unterstützung, keine positiven Beziehungsangebote und mangelnde körperliche sowie emotionale Versorgung sind wichtige Faktoren.

Prävalenzen: Ca. 10 bis 20 Prozent aller Kinder und Jugendlichen sind von psychischen Beeinträchtigungen und abweichendem Verhalten betroffen. 20,2 Prozent der Gesamtpopulation der unter 18-Jährigen gilt als Risikogruppe für psychische Auffälligkeiten. Allgemein sind Jungen (23,4 Prozent) anfälliger als Mädchen (16,9 Prozent). Ahrbeck und Fickler-Stang (2015, S. 255) weisen darauf hin, „dass 17 Prozent aller Kinder und Jugendlichen die Kriterien einer psychischen Erkrankung erfüllen oder in ihrer seelischen Gesundheit nennenswert bedroht sind. Gemäß nationaler wie internationaler Befundlage ist also fast jedes sechste Kind bzw. jeder sechste Jugendliche betroffen".

Was ist bei der Inklusion zu beachten? Die Beziehungsebene zu den Kindern ist gerade in diesem Förderschwerpunkt besonders wichtig. Lehrkräfte müssen bereit sein, sich positiv wertschätzend mit verhaltensschwierigen Lernenden auseinanderzusetzen und diese konsequent in ihrer Entwicklung und ihrem Lernen zu begleiten. Das erfordert eine ausgeprägte Kooperation mit den Erziehungsberechtigten und außerschulischen unterstützenden Diensten sowie die enge Zusammenarbeit im multiprofessionellen Team der Schule. Strukturierungsmaßnahmen zur Unterstützung im Unterricht sind unerlässlich, z. B. durch klare Tages- und Stundenverläufe, die Veränderung der Sitzordnung, die Kennzeichnung bestimmter Materialien, das Ausarbeiten von Klassenregeln oder die Einführung von Ritualen (vgl. RICKING 2017).

Was ist im Sportunterricht zu beachten? Schüler mit einem Förderbedarf im Schwerpunkt *Emotionale und soziale Entwicklung* benötigen klare Strukturen auch im Sportunterricht. Die Methode des Classroom Managements bietet Lehrkräften Verfahren, Maßnahmen und Techniken, deren Einsatz einen störungsarmen Unterricht verspricht. Dazu gehören eine gezielte Planung und Realisierung von Regeln, Konsequenzen und unterrichtlichen Verfahrensweisen, eine beständige Beaufsichtigung der Lernenden, aber auch die Ermöglichung von Schülerverantwortlichkeit. Das Ganze ist einzubetten in ein positives (Lern-)Klima, eine Kultur der Wertschätzung und einen eindeutig strukturierten Unterricht. Classroom Management hat vor allem präventiven Charakter (vgl. RICKING 2017).

Förderschwerpunkt *Sprache*

Sprachstörungen zeigen sich in der Grundschule z. B. in pauschal verwendetem Vokabular („der Vogel sitzt aufem Holz" – statt Baumstumpf), unvollständigem Satzbau („dann ich hingefallen"), in der Organisation der Gesamtaussage oder darin, dass ein schriftlicher Text fragmentarisch ist. Erzählaufforderungen der Lehrkraft folgen keine kohärenten Schilderungen. Kontextdarstellungen sind unzulänglich, der Schüler kann nicht die Perspektive des Zuhörenden einnehmen und Aussagen nicht adressatenbezogen wiedergeben. Bei zwei Prozent aller Schülerinnen und Schüler zeigen sich andere Sprachprobleme wie Stottern, Mutismus oder Autismus. Mutismus kommt häufiger bei Mädchen vor, Sprachstörungen treten insgesamt gehäuft bei Jungen auf (vgl. BINDEL & BINDEL 2017). Zu beachten ist, dass sogenannte Sprachanfänger, die erst vor kurzem die deutsche Sprache erlernt haben oder gerade erlernen, nicht dem Förderschwerpunkt zugeordnet werden.

Was ist im Sportunterricht zu beachten? Sportunterricht erscheint zunächst vor allem für Kinder mit Sprachbehinderungen ein potentielles Erfolgsfach sein

2. Grundlagen: Inklusiver Sportunterricht in der Grundschule

zu können, da sprachliche Leistungen weniger wichtig als körperliche sind (vgl. v. KNEBEL 2017). Auch die Betonung sozialerzieherischer Aspekte kann sich positiv für sprachbeeinträchtigte Lernende auswirken. BINDEL und BINDEL (2017) verweisen darauf, dass Sportunterricht dann sein besonderes Potenzial entfalten kann und Stigmatisierungen sowie Missachtungsprozesse unterbunden werden können, wenn Folgendes beachtet wird:

- keine Dominanz von Fang- und Abwurfspielen in der schulischen Frühphase,
- Mannschaftseinteilungen stets durch die Lehrkraft,
- keine Spiele, die Zu- oder Abneigung thematisieren (z. B. auf Signal einen Partner finden),
- Ersetzen von Anweisungen wie „Spielt auch mal den Schwächeren an" durch andere Spielregeln oder Umorganisation,
- kooperative Inhalte anstelle von Mannschaftswettkämpfen,
- sprachliche Reflexionen nicht immer mit der Gesamtgruppe.

Für die Grundschule gibt es viele Spielanregungen für den Sportunterricht zur Förderung von Atmung, Artikulation und Mundmotorik oder der auditiven, visuellen und taktilen Wahrnehmung, die auch sprachförderlichen Charakter aufweisen. Man denke an Sing-, Reim- oder Sprechspiele.

Förderschwerpunkt *Körperliche und motorische Entwicklung (KME)*

Zum Förderschwerpunkt *KME* gehören Schülerinnen und Schüler mit körperlichen Beeinträchtigungen (z. B. mit einer Querschnittslähmung) und Lernende mit chronischen oder fortschreitenden Erkrankungen (z. B. Herzfehler, Diabetes). Verläufe und Schweregrade einzelner Beeinträchtigungen oder Erkrankungen sind höchst individuell, weswegen der Umgang damit im Sportunterricht einzelfallabhängig ist (vgl. SCHOO 2017).

Prävalenzen: Im Schuljahr 2013/14 erhielten in der Bundesrepublik 34.449 Schülerinnen und Schüler sonderpädagogische Unterstützung im Förderschwerpunkt *KME*. Das waren 0,5 Prozent der Gesamtschülerschaft und 6,9 Prozent der Schülerinnen und Schüler mit einem diagnostizierten Förderbedarf (vgl. SCHOO 2017). Innerhalb des Förderschwerpunkts *KME* bilden Kinder mit cerebralen Bewegungsstörungen die größte Gruppe (40 bis 45 Prozent). Anfallsleiden treten bei 15 bis 20 Prozent der Kinder dieses Förderschwerpunktes auf

2. Grundlagen: Inklusiver Sportunterricht in der Grundschule

und chronische Erkrankungen liegen bei 10 bis 15 Prozent. Grundsätzlich kann folgendermaßen systematisiert werden:

Schädigung von Gehirn und Rückenmark
- Infantile Cerebralparesen oder Cerebrale Anfallsleiden
- Schädel-Hirn-Trauma
- Poliomyelitis (spinale „Kinderlähmung")
- Querschnittslähmungen (z. B. Spina bifida)

Schädigung in den Bereichen Muskulatur und Skelettsystem
- Progressive Muskeldystrophien oder Kleinwüchsigkeit
- Amputation
- Glasknochenkrankheit
- Gelenkversteifung, Kontrakturen oder Fehlstellungen der Wirbelsäule

Chronische Krankheit und Fehlfunktion von Organen
- Rheumatische Erkrankungen oder Krebserkrankungen
- Mukoviszidose
- Chronische Nierenleiden
- Fehlbildungen des Herzens, Erkrankungen von Herz und Kreislauf

Was ist im Sportunterricht zu beachten? Im Sportunterricht können bei Lernenden des Förderschwerpunktes *KME* gerade die Kompetenzen eingeschränkt sein, die zur Ausübung vieler sportlicher Inhalte grundlegend sind. Trotz der besonderen Bedeutung und der Fördermöglichkeiten, die der Sportunterricht bieten kann, nehmen in der Praxis Schülerinnen und Schüler des Förderschwerpunkts *KME* häufig gar nicht am Sportunterricht teil. Gründe liegen sowohl in handfesten gesundheitlichen Aspekten, die dagegensprechen, als auch darin, dass die Lehrkräfte sich im Umgang mit den Lernenden unsicher fühlen und Angst haben, etwas falsch zu machen und Schüler ggf. sogar zu verletzen. Enger Kontakt zu Eltern und Ärzten vermag hier erste Klärung zu schaffen und unbegründete Berührungsängste abzubauen.

Schoo (2017) regt an, dass Individualsportarten wie Leichtathletik ggf. einfacher realisierbar sind, da individuelle Aufgabenstellungen besser organisiert werden können als bei Mannschaftsspielen. Ähnliches Potenzial sieht er auch beim Badminton oder beim Tischtennis: Hier können durch sinnvolle Zuordnung der Partnerinnen bzw. Partner befriedigende Spielsituationen für alle geschaffen werden. Ebenso ist der Einsatz von adaptierten Sportarten möglich wie z. B. das Blindentennis.

Förderschwerpunkt *Hören*

Der Förderschwerpunkt *Hören* umfasst alle Arten und Grade von kindlichen peripheren und zentralen Hörstörungen, die im schulischen Kontext eine Rolle spielen. Neben dem Hören sind auch die Kommunikation, die Interaktion mit der Umwelt und das schulische Lernen beeinträchtigt. Dabei wird zwischen zwei Arten von Hörschäden unterschieden: den peripheren und den zentralen Hörschäden. Zu den peripheren Hörschäden gehören die Schallleitungsschwerhörigkeit, die Schallempfindungsschwerhörigkeit, eine aus beiden Formen kombinierte Schwerhörigkeit, die Gehörlosigkeit, die Ertaubung und die einseitigen Hörschädigungen. Zum zentralen Hörschaden zählt hauptsächlich die auditive Verarbeitungs- und Wahrnehmungsstörung (AVWS). Alle genannten Arten können im schulischen Kontext vorkommen. Eine davon gesonderte Form sind die „minimalen Hörschädigungen", welche schulisch sehr bedeutsam sind, da die Situation der betroffenen Kinder oft falsch eingeschätzt und mit einer Lese-Rechtschreib-Schwäche verwechselt wird (vgl. Leonhardt 2017).

Schülerinnen und Schüler mit einer Schwerhörigkeit tragen im Regelfall Hörgeräte, während solche mit einer hochgradigen Hörschädigung mit Cochlea-Implantaten (CI) versorgt werden. Neben den Arten der Hörschädigungen spielt das Ausmaß bzw. der Grad des Hörverlustes eine wichtige Rolle, da mit steigendem Ausmaß die Auswirkungen auf die Sprachentwicklung und das Sprachverstehen des Betroffenen größer werden. Die Ursachen von peripheren (kindlichen) Hörschädigungen sind häufig nicht bekannt. Die Hörschäden werden meistens auf vererbte, pränatale oder sogar postnatale Ursachen zurückgeführt. Für die AVWS konnte bisher keine einheitliche Ursache ermittelt werden (vgl. Leonhardt 2017).

Prävalenzen: Die Häufigkeit kindlicher Hörstörungen liegen zwischen 0,9 und 13 Prozent (= 90 bis 1.300 pro 100.000 Kinder). Andere Zahlen gehen davon aus, dass einer von 1.000 Neugeborenen betroffen ist. Im Schulalter sind dann zwei von 1.000 Kindern betroffen. Das Verhältnis zwischen Jungen und Mädchen beträgt dabei etwa 5:4, wobei ein Unterschied verstärkt bei Schwerhörigkeit auftritt. Von den gemeldeten Kindern und Jugendlichen mit beidseitigen Hörstörungen sind nach dem Deutschen Zentralregister für kindliche Hörstörungen ca. 54,5 Prozent männlich. Die zahlenmäßig umfassendste Gruppe der Hörgeschädigten, die die allgemeine Schule besuchen, sind diejenigen, die zwar eine Hörschädigung haben, aber lautsprachlich kommunizieren können (über 99 Prozent).

Was ist bei der Inklusion zu beachten? Charakterisierend für die heutige Hörgeschädigtenpädagogik ist die interdisziplinäre Ausrichtung in den Anfängen der Beschulung. Nach den Forschungsmodulen des Forschungsprogramms „Integration/Inklusion Hörgeschädigter in allgemeinen Einrichtungen" ist es wichtig, dass die Eltern immer wieder den Austausch und die Kooperation mit der Schule suchen und diese auch pflegen und gleichzeitig den Kindern beim schulischen Lernen durch Vor- und Nachbereitungen helfen. Außerdem muss auf eine gewisse Stringenz in der inklusiven Beschulung geachtet werden.

Es kann hilfreich sein, Grundregeln für die Unterrichtung Hörgeschädigter in den Unterricht zu integrieren, so z. B. das antlitzgerichtete Sprechen, das Herstellen von Blickkontakt, der Einsatz von Visualisierungen, das bewusste Nutzen des Lehrerechos und die Vermeidung von Lärm und Unruhe. Wie bereits angesprochen, empfiehlt sich eine interdisziplinäre Zusammenarbeit mit den zuständigen Förderzentren. Um schulische Inklusion zu ermöglichen, müssen Bedingungen geschaffen werden, die ein Hören und Absehen ermöglichen. Obwohl die Beeinträchtigung meistens nicht zu sehen ist, muss man trotzdem darauf Rücksicht nehmen. Die Betroffenen haben nämlich nicht nur Verstehens- und Kommunikationsprobleme, sondern u. U. auch Interaktionsprobleme mit den Mitschülerinnen und Mitschülern und den Lehrkräften.

Was ist im Sportunterricht zu beachten? Aufgrund der räumlichen Nähe von Hör- und Gleichgewichtsorganen kann es bei den Betroffenen zu motorischen Auffälligkeiten kommen. Vor allem sollte eine Gleichgewichtsstörung bedacht werden. Eine barrierefreie Sport- und Schwimmhalle bedeutet für die Betroffenen, dass Voraussetzungen zum Hören und Absehen gesichert sein müssen und der Störgeräuschpegel von außen gering ist. Auch das Anbringen von schalldämpfenden Materialien an großen Oberflächen kann Abhilfe schaffen. Neben schallschluckenden Decken und Pinnwänden gibt es spezielle Schaummaterialien, die an die Decke gehängt werden können. Diese schallschluckenden Ele-

2. Grundlagen: Inklusiver Sportunterricht in der Grundschule

mente, entsprechend der Normen zu Akustik und Nachhallzeiten[10], entlasten auch die hörenden Kinder und die Lehrpersonen (vgl. LEONHARDT 2017).

Das Absehen kann optimiert werden, wenn der Abstand zwischen Sprecher und Absehenden zwischen 0,5 und 3 Meter in Augenhöhe liegt. Auch der Winkel muss dementsprechend angepasst werden. Zusätzlich sollte die Sporthalle gut ausgeleuchtet sein und die Lehrkraft darf nicht mit dem Rücken zum Fenster stehen. Beim Sportunterricht selber ist der Umgang mit Hörhilfen zwiespältig. Viele Kinder legen diese währenddessen ab, was beim Schwimmen sowieso erfolgen muss. In diesem Fall muss die Lehrkraft die Übungen vormachen, statt sie nur verbal zu erklären, und bei Wettkämpfen mit optischen und akustischen Startsignalen arbeiten.

Für den inklusiven Sportunterricht lassen sich beispielhaft folgende Empfehlungen geben:
- Visualisierung (Vormachen, Vorzeigen, Symbol- und Wortkarten),
- Strukturierung (erleichtert Orientierung und Ablauf),
- Lehrersprache (Blickkontakt, gut akzentuiert, kurze Sätze, Lehrerecho etc.),
- Sicherung der Kommunikation und der Kommunikationsstrukturen (Themenwechsel ankündigen, Möglichkeiten zur Rückfrage geben und Schlüsselbegriffe erklären).

Der Sportunterricht sollte die Möglichkeit bieten, soziale Situationen so zu gestalten, dass alle, auch die Schülerinnen und Schüler mit Hörschädigungen, in die Aktivitäten einbezogen sind (vgl. LEONHARDT 2017).

Förderschwerpunkt *Sehen*

Sozialrechtlich wird in Deutschland zwischen Sehbehinderung, hochgradiger Sehbehinderung und Blindheit unterschieden – der Begriff Sehschädigung wird üblicherweise als Oberbegriff verwendet. Zur Einteilung bestimmt der Augenarzt nach optimaler Refraktionskorrektur, d. h. mit Brille bzw. Kontaktlinsen, die Sehschärfe (Visus) und ggf. das Gesichtsfeld. Ein Visus von 0,3 sagt z. B. aus, dass ein Sehzeichen, das üblicherweise aus einer Distanz von 100 cm erkannt wird (Normalentfernung), erst aus einer Distanz von 30 cm (Testentfernung) erkannt werden kann.

---

10 Hinweise zu Akustik und Nachhallzeiten:
DIN 18032 „Sporthallen – Hallen und Räume für die Sport- und Mehrzwecknutzung"
DIN 18041 „Hörsamkeit in kleinen bis mittelgroßen Räumen"

2. Grundlagen: Inklusiver Sportunterricht in der Grundschule

Sehminderung	Bezeichnung
0,3 bis > 0,05	sehbehindert
0,05 bis > 0,02	hochgradig sehbehindert
0,02 und weniger	blind

Grade des Sehvermögens gemäß WHO-Klassifikation

Diese Klassifikation ist für den Sportunterricht allerdings nur bedingt hilfreich. Es sollte vielmehr darum gehen, zusammen mit den Schülerinnen und Schülern zu klären, wie das noch vorhandene Sehvermögen in der jeweiligen (sportlichen) Situation optimal genutzt werden kann. Da kann es z. B. um Fragen gehen, welche Ballfarbe am günstigsten ist, wie viel Licht in der Sporthalle nötig ist oder ob es hilft, wenn der sehbehinderte Schüler nur über einen Bodenpass angespielt wird (vgl. GIESE, KATLUN & BOLSINGER 2017).

In diesem Sinne ist auf die fundamentale Tatsache hinzuweisen, dass Augenkrankheit nicht gleich Augenkrankheit, Sehbehinderung nicht gleich Sehbehinderung und nicht einmal Blindheit gleich Blindheit ist. Was hochgradig sehbehinderte Schüler tatsächlich sehen und ob bzw. inwiefern dieses Sehen hilft, um am Sportunterricht teilzunehmen, kann neben dem Unterrichtsinhalt selbst von sehr vielen weiteren Faktoren wie insbesondere den individuellen motorischen Vorerfahrungen abhängig sein. Da diese scheinbar „situative Blindheit" nur schwer voraussehbar ist, ist es besonders wichtig, mit den Schülern – und ggf. mit den Erziehungsberechtigen – darüber zu sprechen, was helfen kann, um die Orientierung zu verbessern.

Prävalenzen: Wie einführend gezeigt, handelt es sich bei den Sinnesbehinderungen um die kleinsten Förderschwerpunkte. Für die Lehrkraft an der inklusiven Grundschule bedeutet dies einerseits, dass die Wahrscheinlichkeit, im inklusiven Sportunterricht auf eine Schülerin oder einen Schüler mit einer hochgradigen Seh- oder Hörbehinderung zu treffen, relativ niedrig ist. Andererseits erfordern besonders diese Kinder unter Umständen eine überaus spezifische didaktische und behindertenpädagogische Herangehensweise an den Lern- und Unterrichtsgegenstand (vgl. GIESE & SCHERER 2010).

2. Grundlagen: Inklusiver Sportunterricht in der Grundschule

Was ist bei der Inklusion zu beachten? Regelschullehrkräfte seien ermutigt, Unsicherheiten oder Berührungsängste zu überwinden und das Gespräch über das Sehen zu suchen. Für die Betroffenen ist es in aller Regel nicht außergewöhnlich, über ihre Behinderung zu sprechen. Fragen Sie in der Sporthalle, was die Schüler sehen, und lassen Sie sich ggf. Geräteaufbauten oder Spielsituationen beschreiben. Benennen Sie markante Punkte wie Hütchen oder farbige Bodenmarkierungen und lassen Sie sich zeigen, wo sich diese befinden etc. Fragen Sie auf der Skipiste, wenn sich Gelände-, Wetter- oder Lichteigenschaften ändern, was dies für das Sehen ausmacht. Ein inklusiver Kontext wird neben adäquatem Unterrichtsmaterial häufig auch dadurch erschwert, dass Sehgeschädigte meist mehr Zeit benötigen, um sich in einer Halle oder in einer Spielsituation zu orientieren (vgl. GIESE & SCHUMANN 2015).

Was ist im Sportunterricht zu beachten? Im Sportunterricht sollten Sie zunächst klären, ob ein augenärztliches Gutachten vorliegt, das einzelne Bewegungsangebote oder Sportarten explizit ausschließt. Haben Sie Probleme beim Verständnis des Gutachtens, können Sie sich an die Beratungszentren des Förderschwerpunktes *Sehen* wenden. Darüber hinaus empfiehlt sich das Tragen eine Sportschutzbrille, was aber mit den Betroffenen und den Erziehungsberechtigten gemeinsam zu entscheiden ist. Verfügt ein multiprofessionelles Team über eine ausreichende sport- sowie behindertenpädagogische Expertise, sind quasi alle schulischen Sportarten möglich (vgl. GIESE 2010a, 2010b). Konkret bieten die nachfolgenden Empfehlungen mögliche Hilfen an (vgl. GIESE et al. 2016).

Was vorab im (Sport-)Kollegium zu klären ist:
- Einheitliche Bezeichnungen für Seitenwände und Eingänge in den Hallen festlegen, damit die sehgeschädigten Kinder einen Orientierungsrahmen haben.
- Gemeinsam absprechen, wo in den Sportstätten ggf. Musikquellen positioniert werden.
- Eine einheitliche Form vereinbaren, wie im Schwimmbad das Ende des Beckens angekündigt wird (z. B. Gymnastikmatten vom Rand ins Wasser legen).
- Blinde Schüler müssen sich neue (Sport-)Räumlichkeiten zunächst in der Bewegung erschließen, um sich orientieren zu können. Es sind Absprachen zu treffen, wie und wo für diese Orientierungsleistungen Räume und Zeit bereitgestellt werden.

2. Grundlagen: Inklusiver Sportunterricht in der Grundschule

Was grundsätzlich noch zu beachten ist:
- Mit Schülern besprechen, was sie sehen und wie viel Licht nötig ist. Die Sehleistung kann sich mit unterschiedlichen Lichtverhältnissen stark verändern und heller ist nicht automatisch besser.
- Ohne Hilfe aufzudrängen zusammen klären, wann Hilfe benötigt wird.
- Orientierung im Bewegungsraum schaffen: markante Schallquellen (Türen, Musikplayer etc.), Geräteaufbau, Hindernisse und objektive Gefahren benennen.
- Gefahrenquellen systematisch beseitigen: keine Türen offen stehen lassen, Gegenstände wegräumen, Bänke sichern oder zur Seite räumen etc.
- Sind schnelle Ballspiele nicht möglich, sollten individuelle Alternativen über eine zweite Lehrerin, eine Integrationskraft etc. erprobt werden.
- Häufig sind Formen des Führens nötig: Möglich sind Handfassung, Staffelstab, kurzes Seil, am Ellbogen eingehakt oder ein Partner läuft vor.
- Kann ein sehgeschädigtes Kind alle Rollen im Spiel übernehmen oder machen bestimmte Aufgaben mehr Sinn (z. B. Brenner beim Brennball)?

Was am besten zu vermeiden ist:
- Zusammenstöße (z. B. bei geringem Sehrest und zu vielen und schnellen Akteuren),
- Verwendung von harten Bällen (die z. B. in Gesichtshöhe gespielt werden),
- freie Bewegung aller Schüler im Raum ohne Ansage,
- gefährliche Situationen in Wettkampfsituationen,
- Erschütterungen von Körper und Augen (Gefahr von Netzhautablösungen),
- laute Geräuschkulisse (wenn möglich).

Fazit

Die Grundschule befindet sich – auch im Sportunterricht – in Bezug auf die Inklusion in einer besonderen Situation. Auf der einen Seite ist ein inklusiver (Sport-)Unterricht wie eingangs beschrieben bereits die Regel an deutschen Grundschulen und stellt für die unterrichtenden Lehrkräfte in diesem Sinne zunächst keine neue Situation dar. Auf der anderen Seite wird die ohnehin schon große Heterogenität noch weiter zunehmen und die Problematik, dass insbesondere im Sportunterricht an den Grundschulen viele Lehrkräfte auch fachfremd unterrichten, wirkt an dieser Stelle zusätzlich problematisch, wenn Lehrkräfte weder über eine sonderpädagogische noch über eine sportpädagogische Qualifikation verfügen. In diesem Sinne wäre darauf zu drängen, dass die Arbeit in multiprofessionellen Teams in enger Absprache mit den zuständigen Beratungs- und Förderzentren zur Regel wird, um eventuell fehlende Expertise gewinnbringend zu importieren.

Literatur

AHRBECK, B. & FICKLER-STANG, U. (2015): Ein inklusives Missverständnis. Warum die Dekategorisierung in der Verhaltensgestörtenpädagogik die Kooperation mit der Kinder- und Jugendpsychiatrie erschwert. *Zeitschrift für Kinder- und Jugendpsychiatrie und Psychotherapie, 43* (4), 255–263.

BINDEL, T. & BINDEL, W. R. (2017): Über Bewegung, Spiel und Sport zur Sprache – Förderchancen eines inklusiven Sportunterrichts. In M. Giese & L. Weigelt (Hrsg.), *Inklusiver Sport- und Bewegungsunterricht. Theorie und Praxis aus der Perspektive der Förderschwerpunkte* (S. 168–190). Aachen: Meyer und Meyer.

BLACK, K. & STEVENSON, P. (2012): *The Inclusion Spectrum incorporating STEP. The Inclusion Spectrum: a model for inclusion in physical education and sport.* http://www.englandathletics.org/shared/get-file.ashx?itemtype=document&id=13231

GIESE, M. (Hrsg.) (2010a): *Sport- und Bewegungsunterricht mit Blinden und Sehbehinderten. Band 1: Theoretische Grundlagen – spezifische und adaptierte Sportarten.* Aachen: Meyer und Meyer.

GIESE, M. (Hrsg.) (2010b): *Sport- und Bewegungsunterricht mit Blinden und Sehbehinderten. Band 2: Praktische Handreichungen für den Unterricht.* Aachen: Meyer und Meyer.

GIESE, M., KATLUN, T. & BOLSINGER, A. (2017): Inklusiver Sport- und Bewegungsunterricht im Förderschwerpunkt Sehen. In M. Giese & L. Weigelt (Hrsg.), *Inklusiver Sport- und Bewegungsunterricht. Theorie und Praxis aus der Perspektive der Förderschwerpunkte* (S. 316–343). Aachen: Meyer und Meyer.

GIESE, M. & SCHERER, H.-G. (2010): Sportunterricht mit Sehgeschädigten – ein sinn- und erfahrungsorientierter Ansatz. In M. Giese (Hrsg.), *Sport- und Bewegungsunterricht mit Blinden und Sehbehinderten. Band 1: Theoretische Grundlagen – spezifische und adaptierte Sportarten* (S. 125–149). Aachen: Meyer und Meyer.

GIESE, M. & SCHUMANN, A. (Deutsche Gesetzliche Unfallversicherung, Hrsg.) (2015): *Inklusion im Sportunterricht: Blindenfußball.* http://www.dguv-lug.de/sekundarstufe-i/sport/inklusion-im-sportunterricht-blindenfussball/

GIESE, M. & WEIGELT, L. (Hrsg.) (2015): *Inklusiver Sportunterricht in Theorie und Praxis.* Aachen: Meyer und Meyer.

GIESE, M. & WEIGELT, L. (Hrsg.) (2017): *Inklusiver Sport- und Bewegungsunterricht. Theorie und Praxis aus der Perspektive der Förderschwerpunkte.* Aachen: Meyer und Meyer.

GREISBACH, M. (2017): Förderschwerpunkt Lernen. In M. Giese & L. Weigelt (Hrsg.), *Inklusiver Sport- und Bewegungsunterricht. Theorie und Praxis aus der Perspektive der Förderschwerpunkte* (S. 32–52). Aachen: Meyer und Meyer.

HEYL, V. & SEIFRIED, S. (2014): „Inklusion? Da ist ja sowieso jeder dafür!?" Einstellungsforschung zu Inklusion (EFI) (2014). In S. Trumpa, S. Seifried, E.-K. Franz & T. Klauß (Hrsg.), *Inklusive Bildung: Erkenntnisse und Konzepte aus Fachdidaktik und Sonderpädagogik* (1. Aufl, S. 47–60). Weinheim: Juventa.

2. Grundlagen: Inklusiver Sportunterricht in der Grundschule

KLEIN, D. (2016): Den Körper wahrnehmen – Psychomotorik im inklusiven Schulsport. In S. Ruin, S. Meier, H. Leineweber, D. Klein & C. G. Buhren (Hrsg.), *Inklusion im Schulsport. Anregungen und Reflexionen* (S. 52–62). Weinheim: Beltz, J.

KLEINDIENST-CACHAY, C., FROHN, J. & KASTRUP, V. (2016): Bewegung, Spiel und Sport in der Grundschule – Aufgaben, Ziele, Strukturen. In C. Kleindienst-Cachay, J. Frohn & V. Kastrup (Hrsg.), *Sportunterricht. Kompetent im Unterricht der Grundschule* (S. 3–34). Baltmannsweiler: Schneider Hohengehren.

KLEMM, K. (2015): *Inklusion in Deutschland. Daten und Fakten* (Bertelsmann Stiftung, Hrsg.), Gütersloh. https://www.bertelsmann-stiftung.de/fileadmin/files/BSt/Publikationen/GrauePublikationen/Studie_IB_Klemm-Studie_Inklusion_2015.pdf

KNEBEL, U. v. (2017): Spezifische Sprachförderung im Sportunterricht – ein Praxisbeispiel. In M. Giese & L. Weigelt (Hrsg.), *Inklusiver Sport- und Bewegungsunterricht. Theorie und Praxis aus der Perspektive der Förderschwerpunkte* (S. 191–202). Aachen: Meyer und Meyer.

LEONHARDT, A. (2017): Einführung Förderschwerpunkt Hören. In M. Giese & L. Weigelt (Hrsg.), *Inklusiver Sport- und Bewegungsunterricht. Theorie und Praxis aus Sicht der Förderschwerpunkte* (S. 244–266). Aachen: Meyer und Meyer.

RICKING, H. (2017): Inklusive Förderung im Schwerpunkt emotionale und soziale Entwicklung. In M. Giese & L. Weigelt (Hrsg.), *Inklusiver Sport- und Bewegungsunterricht. Theorie und Praxis aus der Perspektive der Förderschwerpunkte* (S. 130–153). Aachen: Meyer und Meyer.

SCHEID, V. & FRIEDRICH, G. (2015): *Sportunterricht inklusiv. Entwickeln. Planen. Durchführen*, Frankfurt am Main.

SCHOO, M. (2013): Inklusiver Sportunterricht. *Zeitschrift für Heilpädagogik, 64* (3), 99–105.

SCHOO, M. (2015): Sportspiele inklusiv – dargestellt am Beispiel des Basketballspiels. In M. Giese & L. Weigelt (Hrsg.), *Inklusiver Sportunterricht in Theorie und Praxis* (S. 123–135). Aachen: Meyer und Meyer.

SCHOO, M. (2017): Einführung in den Förderschwerpunkt „Körperliche und motorische Entwicklung". In M. Giese & L. Weigelt (Hrsg.), *Inklusiver Sport- und Bewegungsunterricht. Theorie und Praxis aus der Perspektive der Förderschwerpunkte* (S. 204–230). Aachen: Meyer und Meyer.

SCHUPPENER, S. (2017): Einführung in den Förderschwerpunkt „Geistige Entwicklung". In M. Giese & L. Weigelt (Hrsg.), *Inklusiver Sport- und Bewegungsunterricht. Theorie und Praxis aus der Perspektive der Förderschwerpunkte* (S. 66–90). Aachen: Meyer und Meyer.

SOLZBACHER, C. (2014): Jedem Kind gerecht werden? Zum Zusammenhang von individueller Förderung und Inklusion an Grundschulen und Kita. In I. Hunger & R. Zimmer (Hrsg.), *Inklusion bewegt. Herausforderungen für die frühkindliche Bildung* (S. 40–52). Schorndorf: Hofmann.

ZIMMER, R. (2014): Inklusive Bildungsprozesse – von Anfang an bewegt gestalten. In I. Hunger & R. Zimmer (Hrsg.), *Inklusion bewegt. Herausforderungen für die frühkindliche Bildung* (S. 24–32). Schorndorf: Hofmann.

3. Hürden und Herausforderungen im inklusiven Sportunterricht (von Martin Giese)

Mit der Umsetzung der Inklusion und der UN-BRK ergeben sich auch an den Grundschulen mitunter Hürden und Stolperfallen, die es vor Ort zu reflektieren und – wenn möglich – zu bewältigen gilt. Dabei handelt es sich nicht nur um sportunterrichtsspezifische Probleme, sondern auch um generelle Herausforderungen. Dieser Beitrag will – ohne Anspruch auf Vollständigkeit – exemplarisch einige typische Stolperfallen aufgreifen und Lehrkräfte dazu ermutigen, sich mit ihnen auseinanderzusetzen.

Allgemein sieht sich der Inklusionsprozess häufig dem Vorwurf ausgesetzt, dass es sich dabei letztlich um ein verstecktes bildungspolitisches Sparprogramm handelt, weil Förderschulen geschlossen und die freiwerdenden Ressourcen nicht im gleichen Umfang den allgemeinen Schulen zur Realisierung einer adäquaten sonderpädagogischen Förderung zur Verfügung gestellt werden. Diese Vorwürfe können hier nicht entkräftet werden, sind von den Lehrkräften vor Ort aber auch nicht zu beeinflussen, weshalb es im Folgenden um Aspekte geht, die zumindest potentiell im Einflussbereich der Lehrkräfte bzw. der Schulen vor Ort liegen.

3.1 Materielle Ressourcen

Dass eine gelungene sonderpädagogische Unterstützung im inklusiven Sportunterricht neben der erforderlichen (behinderten-)pädagogischen Expertise (personelle Ressourcen), die im vorausgehenden Kapitel thematisiert wurde, auch geeigneter materieller Ressourcen bedarf, liegt auf der Hand. In den Blick geraten dabei nachfolgend die Sportstätten selbst bzw. der barrierefreie Zugang zu den Sportstätten sowie deren spezifische Ausstattung.

Ausstattung

Bei der Ausstattung der Sportstätten ist zu bedenken, dass die jeweiligen Bedarfe, die sich aus den verschiedenen Förderschwerpunkten ergeben, sehr unterschiedlich sein können. Insbesondere an kleineren Grundschulen ist deshalb – auch aus pragmatischen Gründen – zu überlegen, welche Anschaffungen an (Klein-)Geräten sich tatsächlich als sinnvoll und realistisch erweisen. Vor allem die „kleinen" Förderschwerpunkte *Hören* und *Sehen* erfordern sehr spezifische Ausstattungen, wenn man etwa an akustisch wahrnehmbare Wurfgeräte, Klingelbälle, Bälle in unterschiedlichen Farben und Größen oder mobile Mikrofonanlagen etc. denkt. Hier sind Kooperationen mit anderen, auch weiterfüh-

3. Hürden und Herausforderungen im inklusiven Sportunterricht

renden Schulen sinnvoll, um Unterrichtsmaterialien gegenseitig zu verleihen. Auch der Kontakt zu den Beratungs- und Förderzentren kann hilfreich sein, da die Förderzentren häufig über eigene Materialien verfügen (siehe zum Thema Ausstattung die Kopiervorlagen auf S. 43/44).

Obwohl die Lehrkräfte an den Sportstätten keine (baulichen) Veränderungen vornehmen können, zeigt die Praxis, dass es sich trotzdem lohnt, die vorhandene Situation in Bezug auf das inklusive Potential selbstkritisch zu reflektieren. Hinweise dazu liefert u. a. die Website http://nullbarriere.de/barrierefreie-sportstaetten.htm, an der sich auch die nachfolgenden Hinweise orientieren.

3.2 Rahmenbedingungen des Unterrichtssettings

Umziehen und der Weg in die Sporthalle

> **Praxisbeispiel**: In der Klasse 3b befinden sich 22 Schülerinnen und Schüler. Ahmed hat eine hochgradige *Sehbehinderung* und bei Anna wurde eine *Autismus-Spektrum-Störung* diagnostiziert. Bei ihr führt dies dazu, dass sie lautes Gedränge nur schwer ertragen kann.
> Nachdem die Lehrkraft die Klasse in die Umkleiden gelassen hat, dauert es sehr lange, aber dann erscheinen alle Kinder in der Sporthalle. Im Sportunterricht verweigert Anna allerdings weitestgehend die Teilnahme.

Im inklusiven Setting sind auch der Weg zur Halle, das Umziehen und das Betreten der Halle zu beachten. Sowohl bei Anna als auch bei Ahmed ergab das klärende Gespräch, dass sich beide in der Umkleidekabine überfordert gefühlt hatten. Während es Anna helfen würde, wenn sie eine Umkleidekabine für sich allein oder zumindest einen geschützten Bereich hätte, wäre bei Ahmed das Gegenteil hilfreich, nämlich dass ihn eine Lehrkraft beim Umziehen und beim Weg in die Halle unterstützen würde, damit nicht schon vorab vermeidbarer Stress entsteht, der sich negativ auf die gesamte Klassensituation auswirkt.

Die Checkliste auf der Kopiervorlage (S. 46) soll Reflexionsprozesse anstoßen, wie typische Situationen des Sportunterrichts – am besten in Rücksprache mit den betroffenen Schülern sowie den Experten der zuständigen Beratungs- und Förderzentren – inklusiv gestaltet werden können.

Ausstattung für inklusiven Sportunterricht

Nr.	Wege und Eingang zur Halle	Inklusive Anforderung	Lösung
1	Beschilderung		
2	Wege zur Halle		
3	Rampe zum Eingang der Halle		
4	Türbreite des Eingangs		
	Barrierefreie Nebenräume	**Inklusive Anforderung**	**Lösung**
5	Umkleideräume		
6	Sanitärräume		
7	Geräteräume (Tore? Schwingtüren?)		
8	Abstellfläche z. B. für Rollstühle		
9	Ladestation für Elektrorollstühle		
10	Handläufe in den Räumen		
11	Regal, Haken in richtiger Höhe		
12	Rutschfester Bodenbelag		
	Verkehrswege	**Inklusive Anforderung**	**Lösung**
13	Ausreichende Breite der Türen		
14	Ausreichende Breite der Flure		
15	Wende- und Drehmöglichkeit in Umkleide- und Sanitärbereich		

Kopiervorlage

		Inklusive Anforderung	Lösung
16	Handläufe entlang der Wege		
17	Eindeutige, klare Markierung zur Orientierung		
18	Farbliche Gestaltung		
	Gesamter Wahrnehmungs- und Erlebnisraum	**Inklusive Anforderung**	**Lösung**
19	Einfache, klare, überschaubare Umweltstruktur		
20	Bodenmarkierungen		
21	Helligkeitssprünge bei Türen und Durchgängen		
22	Passung Funktion des Raumes und der Farbe		
23	Wenige, aber eindeutige Spielfeldmarkierungen		
24	Beleuchtung (keine Blendung!), Steuerung: • tageslichtabhängig • tätigkeitsabhängig • gruppenspezifisch		
25	Akustik		
26	Orientierung und Sicherheit: • Farbkonzept • Markierungen (erfühlbar) • temporäre Markierungen möglich		
27	Wände: • Prallschutz • akustische Warnanlage • erfühlbare Begrenzungen		
28	Bodenbelag: flächenelastisch für beste Rolleigenschaften		

Schmitt-Bosslet (Hrsg.) · Inklusions-Material Sport Kl. 1–4.

3.3 Widerstände in der Schulkultur

Geht es darum, Bildungseinrichtungen auf dem Weg zu einer inklusiven Schulkultur zu unterstützen, rückt der von BOOTH und AINSCOW (2011) entwickelte *Index für Inklusion* in den Blick, der auch in einer deutschen Übersetzung vorliegt (vgl. BOBAN & HINZ 2003). Der Index hat auch im deutschen Sprachraum eine enorme Verbreitung gefunden und stellt das bekannteste Instrument zur Steuerung inklusiver Schulentwicklung dar. Auf dem Weg, eine inklusive Schulkultur im Sportunterricht zu entwickeln, bietet der Index Hilfen, „indem er die Sichtweisen der SchülerInnen, der Eltern, der MitarbeiterInnen und anderer Menschen aus dem Umfeld sichtbar zu machen hilft" (BOBAN & HINZ 2003, S. 8).

 Wie soll der konkrete Einstieg erfolgen?

> **Praxisbeispiel**: Ein Kollege, der fachfremd im Sportunterricht eingesetzt wird, hat aus eigenem Interesse eine Fortbildung zum inklusiven Sportunterricht besucht und möchte dieses Thema nun in die Schulgemeinde tragen. Als er das Thema auf einer Gesamtkonferenz anspricht, stößt er dabei zwar sowohl im Kollegium als auch bei der Schulleitung auf grundsätzliches Interesse, allerdings scheint die Aufgabe so groß, dass kein sinnvoller „Angriffspunkt" gefunden und der konkrete Einstieg in die Inklusionsthematik aus pragmatischen Gründen vertagt wird.

Konkret definiert der Index drei Dimensionen einer inklusiven Schulkultur (inklusive Kulturen schaffen – inklusive Strukturen etablieren – inklusive Praktiken entwickeln) und formuliert dazu weitere Unterkategorien aus. Zu allen Unterkategorien werden im Index explizit Fragen formuliert, die als Reflexionsanlässe dienen sollen, um den Inklusionsprozess in Gang zu bringen. Neben der inhaltlichen Systematik und den konkreten Fragen zeichnet sich der Index dadurch aus, dass er eine Prozessbeschreibung mitliefert, die erläutert, wie der Anwendungsprozess des Index selbst zu einer inklusiven Entwicklung der Schule beitragen kann. Im Einzelnen werden fünf Phasen des Index-Prozesses unterschieden.

Die erste Phase ist dabei als eine Art Anschubphase gedacht. Dort bildet sich das sogenannte *Index-Team*, das sich mit den Materialien und der Systematik

Checkliste: Umziehen und Weg bis in die Halle

Der Weg *zur* Halle: Können die Schüler …	Ja	Nein: Lösung
den Weg alleine finden/zurücklegen?		
ihre Sportkleidung mitnehmen?		
ohne soziale Konflikte den Weg zurücklegen?		
die Wartezeit vor der Halle ohne soziale Konflikte überbrücken?		

Umziehen	Ja	Nein: Lösung
Findet jeder Schüler seinen Platz?		
Braucht ein Schüler Unterstützung beim Umziehen?		
Schaffen die Schüler es, sich in angemessener Zeit umzuziehen?		
Herrscht ein unterstützendes oder feindliches Klima?		

Betreten der Halle	Ja	Nein: Maßnahme
Welche Bedürfnisse haben meine Schüler? Ist der Raum dafür vorbereitet?		
Gibt es (visuelle) Begrenzungen und Zonen, in denen Unterschiedliches möglich ist?		
Gibt es eine Ruhe- und eine Rückzugszone?		
Gibt es eine visualisierte Orientierung zum Stundenablauf?		
Gibt es eine Anfangsaufgabe?		

3. Hürden und Herausforderungen im inklusiven Sportunterricht

des Index auseinandersetzt und die inhaltlichen und organisatorischen Voraussetzungen für den Beginn des Index-Prozesses schafft. Hier kann z. B. verabredet werden, dass zu Beginn ausschließlich das Unterrichtsfach Sport in den Blick genommen wird. Grundsätzlich bleibt zu betonen, dass mit dem Index für Inklusion ein praxistaugliches Instrument zur Entwicklung inklusiver Strukturen vorliegt, das aufgrund seiner Flexibilität und seiner fragenden Grundhaltung weite Verbreitung gefunden hat (vgl. auch Institut für Qualitätsentwicklung des Hessischen Kultusministeriums [IQ]).

3.4 Chancen und Grenzen der Psychomotorik

Ist im inklusiven Sportunterricht – wie in jedem anderen Fachunterricht auch – auf die unterschiedlichen Fähigkeiten der Kinder Bezug zu nehmen, wird neben der Haltung der Lehrkräfte (vgl. Schoo 2013; Tiemann 2015) gemeinhin den offenen Unterrichtssettings ein besonderes Potential zugesprochen, um die Ansprüche an einen inklusiven Unterricht im Unterrichtsfach Sport einzulösen (vgl. Giese & Weigelt 2015). Dabei wird von Vertretern der Psychomotorik in Anspruch genommen, seit jeher einen Ansatz zu vertreten, „der in seiner Grundausrichtung ‚inklusiv' ausgerichtet ist. Es zeichnet die Psychomotorik aus, dass sie wertschätzend und offen jedem Kind begegnet und dessen individuelle Voraussetzungen respektiert" (Zimmer 2014, S. 30).

Da der Sportunterricht an den Grundschulen in der Regel bereits stark durch psychomotorische Inhalte geprägt ist, scheinen hier grundsätzlich günstige Gegebenheiten zu existieren, um ein inklusives Angebot zu realisieren (vgl. Hölter 2011, S. 19; Klein 2016).

3. Hürden und Herausforderungen im inklusiven Sportunterricht

 Psychomotorische Bewegungslandschaft

> **Praxisbeispiel**: Da am Dienstagvormittag durchgängig Sportunterricht in der Sporthalle stattfindet, haben die Sportlehrkräfte beschlossen, morgens eine psychomotorische Bewegungslandschaft aufzubauen, die während des gesamten Vormittags aufgebaut bleibt und erst in der letzten Stunde wieder abgebaut wird. Dadurch können sich viele Schülerinnen und Schüler mit großer Freude und vor allem lange dort bewegen. Da die Bewegungsbaustelle einen großen Herausforderungscharakter hat und für alle etwas Spannendes bietet, nehmen ausnahmslos alle Schülerinnen und Schüler aktiv am Sportunterricht teil.

Hier kann keine umfassende Einführung in den Ansatz der Psychomotorik gegeben werden (vgl. FISCHER 2009), doch es sei zumindest erwähnt, dass sich die Psychomotorik durch die Annahme einer engen Verzahnung von Psyche, Wahrnehmung und Bewegung auszeichnet. In ihrer praktischen Umsetzung werden die jeweiligen Stunden vor dem Hintergrund der individuellen Kompetenzen der Schüler geplant; dabei geht es nicht darum, vorgegebene Zielnormen wie eine bestimmte Weite oder eine bestimmte Technik beim Werfen zu erreichen. Ziel ist die Förderung eines positiven Selbstbildes bei allen Kindern sowie die Förderung sozialer Kompetenzen. Auch wenn es sich bei der Psychomotorik um offene Bewegungsangebote handelt, gibt es gleichwohl einen strukturierten Stundenaufbau, der sich z.B. in systematischen Eröffnungs- oder Abschlussritualen oder in Entlastungsphasen zeigt, die sich u.a. bei Schülern mit emotional-sozialem Förderbedarf als hilfreich erwiesen haben. Grundsätzlich kommt dabei dem eigenen und freien Experimentieren in offenen Bewegungssituationen eine Schlüsselrolle zu.

Kritisch zu bedenken ist allerdings, dass die Psychomotorik zwar in besonderer Weise die Binnen- bzw. Selbstdifferenzierung fördert, „was in der Regel als Stärke des Konzepts angesehen wird (z.B.: Bewegungslandschaften). Differenzierung allein, dies zeigt die Integrationsdebatte im Allgemeinen, führt aber noch keineswegs zur Begegnung oder zu Kooperation und in der Konsequenz auch nicht zu sozialer Integration" (vgl. THIELE 2010, S.45).

Ohne damit den Nutzen der Psychomotorik im inklusiven Grundschulsport in Frage stellen zu wollen, entstehen auch dadurch Probleme, dass sich – be-

3. Hürden und Herausforderungen im inklusiven Sportunterricht

sonders im Zusammenspiel mit den Formen der Selbstdifferenzierung – in leistungsheterogenen Gruppen „eine Tendenz zur Orientierung an einem einzigen Leistungsniveau ausbilden (und zwar in der Grundschule besonders häufig an einem niedrigen Leistungsniveau)" kann (KLEINDIENST-CACHAY, FROHN & KASTRUP 2016, S. 21). Eine solche Orientierung führt zwangsläufig zu einer Unterforderung vieler Schülerinnen und Schüler.

Zudem erweisen sich der Anspruch der Bewertungsvermeidung und ggf. auch die Gruppengröße als problematisch in schulischen Settings (vgl. KLEIN 2016, S. 55).

3.5 Bedeutung der Fertigkeitsorientierung

Ein wirksames Mittel, um diskriminierende, aber ggf. trotzdem vorhandene Zugangsbarrieren zu überwinden, kann die individuelle Verfügbarkeit relevanter Kompetenzen sein.

 Relevante Fertigkeiten prüfen

> **Praxisbeispiel**: Eine *blinde* Schülerin möchte der Kletter-AG der Schule beitreten. Der AG-Leiter berät im Vorfeld mit der bereits bestehenden AG-Gruppe darüber, ob man sich das zutraut. Allgemeine Berührungsängste im Umgang mit Behinderten stehen dabei im Raum und einige Schüler formulieren Ängste: „Kann sie mich richtig sichern, ohne etwas zu sehen?" „Stellt ihre Sehbehinderung eine Gefahr dar?" Der Lehrer fragt sich, wie viel Betreuung sie benötigen wird und ob er sich gleichzeitig noch um die anderen Gruppenmitglieder kümmern kann.

Kann die blinde Schülerin alle wichtigen Knoten knüpfen und sind ihr die Spezifika verschiedener Sicherungstechniken bekannt, garantiert das zwar noch keine gelingende Teilhabe, baut aber wirkungsvoll Zugangsbarrieren ab. Die individuelle Verfügbarkeit relevanter Fertigkeiten ermöglicht in einem solchen Fall Inklusion.

Dieses Beispiel zeigt, wie zentral auch der Erwerb von motorischen Fertigkeiten ist. Konzepte, die vor allem das Erleben des Sich-Bewegens betonen oder primär (bewegungs-)therapeutisch wirken wollen und sich dabei durch eine

Relativierung des Fertigkeitsanspruchs auszeichnen, sind für den inklusiven Sportunterricht deshalb nur bedingt brauchbar (vgl. GIESE & WEIGELT 2013, S. 3).

Spinnen wir diesen Gedanken weiter, kann sich ein inklusiver Sportunterricht in kritischer Auseinandersetzung mit dem vorigen Kapitel nicht auf offene psychomotorische Bewegungsangebote beschränken, weil dadurch die gesellschaftliche Legitimation des Faches hinfällig würde. Auch ein Mathematikunterricht, in dem keine fachspezifischen Fertigkeiten vermittelt würden, wäre gesellschaftlich nicht zu legitimieren. Gehört es zu den wesentlichen Aufgaben des Grundschulsports, „die heranwachsende Generation in die Kultur von Bewegung, Spiel und Sport einzuführen und ihre Handlungsfähigkeit umfassend zu fördern" (KLEINDIENST-CACHAY et al. 2016, S. 7), bedeutet dies, dass sich die Lehrkräfte der Aufgabe stellen müssen, basale Bewegungstechniken gezielt zu vermitteln, gerade auch für Schüler mit einem sonderpädagogischen Förderbedarf.

3.6 Leistungsfeststellung und Benotung

Heterogene Lerngruppen erfordern ein differenzierendes und individualisierendes Unterrichten mit Formen der inneren Differenzierung. Dies umfasst auch die Gestaltung der Leistungsbewertung sowie ggf. des Nachteilsausgleichs.

 Fördermaßnahmen in Prozessen von Leistungsbewertung

Praxisbeispiel: Eine *körperbehinderte* Schülerin nimmt am inklusiven Sportunterricht teil. Zusammen mit ihr, den Erziehungsberechtigen, der Lehrkraft und der Schulleitung wurden Absprachen getroffen, dass die Schülerin u. a. bei schnellen Ballspielen nicht am regulären Sportunterricht teilnimmt und in diesen Phasen – im Sinne eines Nachteilsausgleichs – mit einem FSJler an einem individuellen Fitnessprogramm arbeitet. Zudem erreicht die Schülerin bei vielen anderen Inhalten nicht das motorische Leistungsniveau der anderen Kinder. Die Lehrkraft ist sich unsicher, wie sie das individuelle Leistungsvermögen der Schülerin, auch im Kontext der Klasse, bewerten soll.

3. Hürden und Herausforderungen im inklusiven Sportunterricht

Im Folgenden werden schulrechtlich machbare Möglichkeiten aufgezeigt, wie Lehrkräfte besondere Fördermaßen in Prozessen von Leistungsbewertung beachten können (vgl. JORDAN 2017):

- Einsatz von technischen Hilfsmitteln: Nutzung spezieller Sportrollstühle, Verwendung von sportspezifischen Prothesen, Verwendung eines Auftriebskörpers zur Unterstützung der Wasserlage beim Schwimmen etc.
- Nutzung didaktisch-methodischer Hilfen: Verwendung abgestimmter Farben für Markierungen oder Benutzung von speziellen Bällen (Klingelball) bei Sehschädigung, Nutzung von farbigen Hemden zur Strukturierung bei Teamspielen oder zur Kennzeichnung von Personen mit besonderen Aufgaben für Schüler mit Autismus-Spektrum-Störung oder mit emotional-sozialem Förderbedarf, Einsatz von visuellen Signalen für Schüler mit einer Hörbehinderung etc.
- Unterrichtsorganisatorische Veränderungen: Auswahl der Sozialformen und ggf. Begrenzung auf Einzel- oder Partnerarbeit bei einer Autismus-Spektrum-Störung, verlängerte Ruhephasen zwischendurch für Kinder mit einer Körperbehinderung, Platzierung der Aktivitäten an einer besonders ausgewählten Stelle in der Sportstätte für Lernende mit einer Sinnesbehinderung etc.
- Verwendung von individuell ausgehandelten Umrechnungsfaktoren bei Sportarten mit cgs-Messungen[11] bei Sinnes- und Körperbehinderungen.
- Zurückgreifen auf die Bewertungssysteme des Sportabzeichens für Menschen mit Behinderungen (siehe auch Kapitel 4.6).
- Verlängerte Bearbeitungszeiten bei schriftlichen oder mündlichen Leistungsfeststellungen.

Differenzierte Aufgabenstellungen

Eine individuelle Leistungsfeststellung kann sich auch auf differenzierte Aufgabenstellungen beziehen. Bleiben die fachlichen Anforderungen dabei unberührt, zeigt JORDAN (2017) unterschiedliche Fälle auf, wie eine solche Leistungsfeststellung bzw. der Nachteilsausgleich im inklusiven Sportunterricht aussehen kann:

---

11 Cgs-Tabellen sind Bewertungstabellen in Zentimeter-Gramm-Sekunden-Angaben zur Umrechnung von erbrachten Leistungen in Noten.

3. Hürden und Herausforderungen im inklusiven Sportunterricht

- Differenzierte Aufgabenstellungen: zusätzliche Verwendung von Bild- oder Regelkarten zur Erläuterung der Aufgabe für Autisten oder für Schülerinnen und Schüler mit emotional-sozialem Förderbedarf etc.
- Differenzierte Aufgabenauswahl: Wahl einer alternativen Schwimmart (Wechselzugtechnik: Rückenkraulschwimmen anstatt Kraulschwimmen) zur Leistungsfeststellung der Bewegungsqualität oder zur Zeitnahme einer bestimmten Strecke für Kinder, die eine Schwimmart aufgrund einer Behinderung nicht oder nur mäßig in Relation zu einer anderen Schwimmart ausführen können etc.
- Differenzierte inhaltliche Auswahl: Von der Wahl einer bestimmten Ausdauersportart kann individuell abgewichen werden, wenn aufgrund von körperlich-motorischen Beeinträchtigungen einige Bewegungen nicht oder nur bedingt möglich sind; es wird eine Individualsportart anstelle einer Mannschaftssportart bei einer Autismus-Spektrum-Störung gewählt.
- Alternative Leistungsanforderungen: mündliche statt schriftliche Arbeiten bei körperlich-motorischen oder kognitiven Beeinträchtigungen.

Variationen sind auch im Hinblick auf die Leistungsanforderungen selbst möglich, ohne dass dies zu einer Abwertung in der Note führen muss (vgl. JORDAN 2017):

- Differenzierte Aufgabenstellungen: Sportspiele werden unter vereinfachten und reduzierten Regeln gespielt; Regelmissachtungen werden bei einzelnen Schülerinnen und Schülern zur Aufrechterhaltung des Spiel- und Bewegungsflusses toleriert.
- Veränderte Gewichtung von bestimmten Leistungen: Leistungsbeurteilung kann nicht in allen Kompetenzbereichen vorgenommen werden; es wird eine höhere Gewichtung von einzelnen Leistungen oder von Einzelthemen (bestimmte Sportarten ausklammern) entschieden etc.
- Zeitweiser Verzicht auf die Bewertung von bestimmten Bereichen oder Inhalten: Verzicht auf punktuelle Leistungsfeststellung und dafür ausschließlich eine Bewertung der Lernentwicklung etc.
- Nutzung des pädagogischen Ermessensspielraumes zum Aussetzen der Notengebung für ein Fach: Die Sportnote wird vorübergehend ausgesetzt bei Kindern mit mittelfristig andauernden Verletzungen oder schweren körperlichen Beeinträchtigungen.

3. Hürden und Herausforderungen im inklusiven Sportunterricht

Der Umgang mit Leistungsbewertung bleibt ein komplexes Thema, das zwei Grundlagen erfordert, die durch die Lehrkräfte selbst einzubringen sind: Zum einen benötigen Sportlehrkräfte eine Grundhaltung zum Sportunterricht, mit der sie die Vielfalt der Inhalte und Perspektiven des Faches Sport zum Thema im Unterricht machen und dabei die Stärken der Schülerinnen und Schüler nutzen, um einen Kompetenzaufbau zu ermöglichen. Zum anderen benötigen sie eine hohe sportfachliche, -didaktische und -methodische Kompetenz, um die Inhalte und Methoden nach Anpassungsmöglichkeiten durchleuchten zu können (vgl. JORDAN 2017).

3.7 Fazit

Insgesamt möchte dieses Kapitel in einer konstruktiven Ausrichtung für weit verbreitete Stolperfallen und Hürden sensibilisieren, die erfahrungsgemäß im Kontext des inklusiven Sportunterrichts immer wieder auftauchen. In diesem Sinne werden konstruktive Hilfen für mögliche Auswege und Lösungen skizziert. Darüber hinaus sollte sich keine Lehrkraft von absoluten Ansprüchen an einen inklusiven Sportunterricht entmutigen lassen. Inklusion ist weiterhin, und wird es auch mittelfristig bleiben, ein angestoßener Prozess, bei dem es bis dato viele offene und ungeklärte Fragen gibt, die – insbesondere im Kontext der Differenzlinie Behinderung – auf konstruktive und gemeinsame Absprachen mit allen Beteiligten angewiesen sind. In diesem Sinne erscheint es uns weiterhin essentiell, Berührungsängste zu vermeiden und, wo möglich und gewünscht, in den direkten und offenen Kontakt zu den Schülerinnen und Schülern mit Behinderungen zu treten, ohne diesen dabei das Gefühl zu vermitteln, Unterrichtsverantwortung abgeben zu wollen.

3. Hürden und Herausforderungen im inklusiven Sportunterricht

Literatur

Boban, I. & Hinz, A. (Hrsg.) (2003): *Index für Inklusion*. Halle (Saale): Martin-Luther-Universität.

Booth, T. & Ainscow, M. (Hrsg.) (2011): *Index for inclusion. Developing learning and participation in schools*. Bristol: CSIE.

Fischer, K. (2009): *Einführung in die Psychomotorik*. München: Reinhardt.

Giese, M. & Weigelt, L. (2013): Sportunterricht auf dem Weg zur Inklusion. *Sportpädagogik, 37* (6), 2–5.

Giese, M. & Weigelt, L. (2015): Konstituierende Elemente einer inklusiven Sportdidaktik. In M. Giese & L. Weigelt (Hrsg.), *Inklusiver Sportunterricht in Theorie und Praxis* (S. 10–52). Aachen: Meyer und Meyer.

Hölter, G. (2011): Schulsport in der Förderschule – Bestandsaufnahme und Perspektiven. *Sportunterricht, 60* (1), 14–21.

Institut für Qualitätsentwicklung des Hessischen Kultusministeriums & Projektbüro Inklusion des Hessischen Kultusministeriums. Checkliste Inklusion. https://la.hessen.de/irj/LSA_Internet?uid=2292499b-f5db-f317-9cda-a2b417c0cf46

Jordan, A. (2017): „Am Ende steht eine Note …!" Überlegungen zur Leistungsbewertung im inklusiven Sportunterricht. In M. Giese & L. Weigelt (Hrsg.), *Inklusiver Sport- und Bewegungsunterricht. Theorie und Praxis aus der Perspektive der Förderschwerpunkte* (S. 382–391). Aachen: Meyer und Meyer.

Klein, D. (2016): Den Körper wahrnehmen – Psychomotorik im inklusiven Schulsport. In S. Ruin, S. Meier, H. Leineweber, D. Klein & C. G. Buhren (Hrsg.), *Inklusion im Schulsport. Anregungen und Reflexionen* (S. 52–62). Weinheim: Beltz, J.

Kleindienst-Cachay, C., Frohn, J. & Kastrup, V. (2016): Bewegung, Spiel und Sport in der Grundschule – Aufgaben, Ziele, Strukturen. In C. Kleindienst-Cachay, J. Frohn & V. Kastrup (Hrsg.), *Sportunterricht. Kompetent im Unterricht der Grundschule* (S. 3–34). Baltmannsweiler: Schneider Hohengehren.

Schoo, M. (2013): Inklusiver Sportunterricht. *Zeitschrift für Heilpädagogik, 64* (3), 99–105.

Thiele, M. (2010): Bescheidenheit ist eine Zier: Chancen, Grenzen und Perspektiven sozialer Lernprozesse im gemeinsamen Sportunterricht. In M. Giese (Hrsg.), *Sport- und Bewegungsunterricht mit Blinden und Sehbehinderten. Band 1: Theoretische Grundlagen – spezifische und adaptierte Sportarten* (S. 38–58). Aachen: Meyer und Meyer.

Tiemann, H. (2015): Inklusiven Sportunterricht gestalten – didaktisch-methodische Überlegungen. In M. Giese & L. Weigelt (Hrsg.), *Inklusiver Sportunterricht in Theorie und Praxis* (S. 53–66). Aachen: Meyer und Meyer.

Zimmer, R. (2014): Inklusive Bildungsprozesse – von Anfang an bewegt gestalten. In I. Hunger & R. Zimmer (Hrsg.), *Inklusion bewegt. Herausforderungen für die frühkindliche Bildung* (S. 24–32). Schorndorf: Hofmann.

4. Bausteine eines inklusiven Sportunterrichts

4.1 Gelebte Inklusion durch Kooperation von (Rollstuhlsport-) Verein und (Schwerpunkt-)Schule
(von Nora Sties[12] und Jörg Köhler[13])

Der vorliegende Beitrag möchte praktische Strategien zur Umsetzung eines gemeinsamen Sports von Schülerinnen und Schülern mit und ohne Rollstuhl im regulären Unterricht aufzeigen. „Im Mittelpunkt steht dabei der Grundsatz, ALLEN Schülern Fertigkeiten, soziale Kompetenz und Fitness zu vermitteln und zu gewährleisten. In erster Linie sollen alle Spaß an der Bewegung haben, ganz gleich, mit welchen Besonderheiten sie zum Unterricht oder Kurs erscheinen – und Besonderheiten bringt jeder mit" (ROUSE 2012, S.6).

Die Kooperationspartner in Form der IGS Nieder-Olm (mit Jörg Köhler als rollstuhlfahrender Lehrer) und die Abteilung Rollstuhlsport des TV Laubenheim 1883 e.V. in Mainz (mit Nora Sties als rollstuhlfahrende Übungsleiterin) mit ihrem Projekt „Die Schule rollt!" zeigen, warum und wie eine Kooperation mit Rollstuhlsportgruppen im Verein unter diesem Anspruch im schulischen Gestaltungsprozess gelingen kann und welche Erfahrungen sich für die Beteiligten dabei als besonders bedeutsam erwiesen haben.

Kinder mit sonderpädagogischem Förderbedarf im Sportunterricht der IGS Nieder-Olm

Die Integrierte Gesamtschule in Nieder-Olm (IGSNO) ist seit 2008 als Schwerpunktschule in der rheinland-pfälzischen Bildungslandschaft zu finden. Als Schwerpunktschule hat sie einen besonderen Förderauftrag, den sie erfüllt, indem alle Schülerinnen und Schüler in ihrer Unterschiedlichkeit gefördert und

---

12 Nora Sties arbeitet im Familienministerium des Landes Rheinland-Pfalz und ist ehrenamtlich als Referentin für den Behinderten- und Rehabilitationssport-Verband Rheinland-Pfalz e.V. sowie für den Deutschen Rollstuhl-Sportverband e.V. (hier im Lehrausschuss und Fachbereich Kinder- und Jugendsport) tätig und unterstützt als Übungsleiterin inklusive Rollstuhlsportangebote beim TV Laubenheim 1883 e.V. Sie ist Mitbegründerin und Leiterin des prämierten Projekts „Die Schule rollt!" (Veranstalter ist der TVL e.V. in Kooperation mit dem BSV RLP und der Unfallkasse RLP.).
13 Jörg Köhler arbeitet als (Hauptschul-)Lehrer in Rheinland-Pfalz und hat in berufsbegleitenden Zusatzausbildungen folgende Qualifikationen erworben: Aggressionsberater, Gestaltpädagoge, Anti-Aggressivitäts- und Coolness-Trainer, Erlebnispädagoge, Trainer für erfahrungsorientiertes Lernen, KiKG-Trainer. Seit 2013 ist er auf einen Rollstuhl angewiesen. Trotz dieses Handicaps ist er als Sportlehrer, Übungsleiter und Referent für Bildungseinrichtungen tätig und unterstützt im TV Laubenheim 1883 e.V. verschiedene inklusive Rollstuhlsportangebote.

4. Bausteine eines inklusiven Sportunterrichts

gefordert werden. Gemeinsames Leben und Lernen steht im Mittelpunkt, was die soziale Integration vom ersten Schultag an fördert. Das gemeinsame Arbeiten in heterogenen Gruppen stärkt die Akzeptanz und Anerkennung untereinander und bietet Chancen für die gewollte Persönlichkeitsentwicklung aller Kinder und Jugendlichen an der IGSNO.

Als Besonderheit im Schulalltag sind Maßnahmen wie Klassen mit reduzierter Schülerzahl, der Einsatz von Förderschullehrern, pädagogischen Fachkräften und außerschulischen Mitarbeitern als Integrationshelfer für Kinder mit sonderpädagogischem Förderbedarf hervorzuheben. Dazu gehören auch regelmäßige Absprachen und Fortbildungen aller Lehr-, Fach- und Förderkräfte, wofür extra Zeitfenster und Angebote vorgesehen sind. An der Schule gibt es Formen der inneren und der äußeren Differenzierung, die nach den Bedürfnissen der Lerngruppe konzipiert und kombiniert werden. Der Unterricht erfolgt im Klassenverband, in Kleingruppen oder (selten) in Einzelförderung.

In einem lebenspraktischen Unterricht sollen die Schülerinnen und Schüler größtmögliche Selbstständigkeit in Bezug auf eine eigenständige Lebensführung trainieren. Mithilfe von regelmäßigen Förderplankonferenzen für jedes integrative Kind werden, orientiert an den individuellen Stärken der Kinder, individuelle Förderschwerpunkte und angestrebte Zielkompetenzen abgesprochen. An der IGS Nieder-Olm steht die Vermittlung von folgenden Basiskompetenzen im Mittelpunkt: Selbstkompetenz, sozial-kommunikative Kompetenz, kognitive Kompetenz. Die Kinder mit sonderpädagogischem Förderbedarf nehmen an allen Klassenausflügen, Aktivitäten und Klassenfahrten teil, wodurch das soziale Miteinander geschult wird und Freundschaften sowie gegenseitige Verantwortlichkeiten entstehen. In der Orientierungsstufe findet ebenfalls das oben genannte Projekt „Die Schule rollt" statt.

Beeinträchtigte Kinder nehmen an der IGSNO selbstverständlich am Sportunterricht der Klasse teil. Die Integration eines Rollikindes in den regulären Sportunterricht ist anfangs mit methodischen, organisatorischen und sicherheitsrelevanten Problemen verbunden. Häufig scheinen Sportarten und einzelne Themen im Sportunterricht für die rollstuhlnutzenden Kinder gar nicht durchführbar und erschweren somit die Teilhabe am (Sport-)Unterricht. Es ist nötig, mit dem Rollikind gemeinsam passende Lösungen für einen alternativen, immer aber integrierenden Sportunterricht zu finden. Folgende Leitlinien finden hierbei Beachtung:

4. Bausteine eines inklusiven Sportunterrichts

- Die Bewegungserfahrung des Rollikindes ist häufig aufgrund der eingeschränkten Bewegungsmöglichkeiten weniger weit entwickelt als bei gleichaltrigen, fußgehenden Kindern, weil das freie Spiel auf dem Spielplatz früher nicht gleichermaßen erfahrbar war und es im Sportverein kaum Angebote gibt.
- Eine Integration in den Sportunterricht erfolgt so, dass das Kind sich dabei auch wohl fühlt. Alle Maßnahmen sollten von Anfang an mit dem Rollikind besprochen sein, so dass angepasste Regeln verinnerlicht werden.[14]
- Bei der Einbindung des Rollikindes in den Sportunterricht ist das funktionelle Betrachten jedes Kindes für sich wichtig, um unterschiedliche Bewegungseinschränkungen und somit mögliche Bewegungshandlungen zu berücksichtigen.
- Auch bei einem gemeinsamen Sportunterricht sind Abstufungen denkbar und werden an der IGSNO umgesetzt: So kann eine Sportstunde sowohl Elemente des offenen Unterrichts enthalten (z. B. Bewegungslandschaften), gemeinsam durchgeführte Aktivitäten mit Regelmodifizierungen (z. B. Mannschaftsspiele), Elemente mit individueller Aufgabenstellung, die parallel durchgeführt werden (z. B. Weitsprung vs. Schnellfahren) oder auch bei Bedarf Elemente des inhaltlich und räumlich getrennten Übens (z. B. Rollstuhlbasketball/ Schiedsrichterausbildung drinnen und Fußball draußen) (vgl. BLACK & STEVENSON 2012).

An der IGSNO wird ein rollstuhlfahrender Junge unterrichtet, der in jedem Zeugnis seine sehr guten sportlichen Leistungen honoriert sieht. Er ist mehrfacher deutscher Meister im Rennrollstuhlfahren und spielt erfolgreich in einer Rollstuhlbasketballmannschaft unter Erwachsenen. Die Betonung dieser sportlichen Leistungen des Jungen führen zu besonderer Aufmerksamkeit. Der Schüler erlebt sich endlich einmal im schulischen Bereich als „positiv besonders". Seine Beeinträchtigung, die er meist als reduzierend und einschränkend erlebt, wird positiv hervorgehoben und er darf stolz von Wettkämpfen und Erfolgen berichten.

---

14 Wenn eine Einbindung in den Sportunterricht aus verschiedenen Gründen gar nicht möglich ist oder keine Akzeptanz vom Rollikind erfährt, sollte das Kind vom Sportunterricht befreit werden, um die freien Zeitressourcen selbstbestimmt nutzen zu können oder – besser noch – alternative schulische Beschäftigungsmöglichkeiten außerhalb der Sporthalle zu finden.

4. Bausteine eines inklusiven Sportunterrichts

> *Die inklusive Arbeit ist zugleich eine große Chance und tägliche Herausforderung.*

Die Behinderung eines am Schulleben beteiligten Menschen wird an der IGS-NO nicht als Problem, sondern vielmehr als Chance gesehen, sich dem sozialen Schwerpunkt der Schule zu stellen. Die inklusive Arbeit ist eine alltägliche Herausforderung, die besondere Freude bereitet, weil sie authentisch und empathisch geschieht. Ob Beeinträchtigung bewertet wird und wie man miteinander umgeht, lässt sich konzeptionell und durch pädagogische Begleitung beeinflussen.

 Die Schule rollt! – Der Beitrag des Rollstuhlsports hin zur Inklusion

An der IGSNO werden derzeit drei rollstuhlfahrende Schülerinnen und Schüler (unter anderem von einem rollstuhlfahrenden Lehrer) unterrichtet. Da in den vergangenen Jahren die bauliche Barrierefreiheit optimiert wurde – auch hinsichtlich der Sportstätten – ist eine vermehrte Aufnahme von Kindern und Jugendlichen mit Körperbehinderungen möglich und in Zukunft wahrscheinlich.

Alle drei Schülerinnen und Schüler waren bzw. sind zugleich Mitglieder der inklusiven Rollstuhlsportgruppe des TV Laubenheim 1883 e.V. In Rollstuhlsportgruppen des Deutschen Rollstuhl-Sportverbandes hat das gemeinsame Sporttreiben von behinderten und nichtbehinderten Menschen eine jahrzehntelange Tradition. Es hat sich gezeigt, dass der Rollstuhl als Sportgerät und attraktives Fortbewegungsmittel einen hohen Aufforderungscharakter auch für bewegungsinteressierte Kinder und Erwachsene ohne Beeinträchtigung hat. Dabei entsteht im wöchentlichen Training des Vereins eine äußerst heterogene Bewegungsgruppe: Kinder mit und ohne körperliche Behinderungen, mit und ohne Lernbeeinträchtigungen, mit und ohne Funktionsbeeinträchtigungen der oberen Extremitäten aller Altersklassen machen hier gemeinsam Sport. Auch das Trainerteam besteht sowohl aus „echten" Rollstuhlfahrerinnen und -fahrern, als auch aus den liebevoll betitelten „Fußis".

Die Erfahrung des betreuenden Übungsleiterteams mit dieser methodisch-didaktischen Herausforderung ist über die Jahre durch das Erproben verschiedener Ansätze stetig gewachsen. Das gelingende Trainingskonzept beruht auf einer ressourcenorientierten Sichtweise auf die jungen Sportlerinnen und Sportler. Entsprechend ihrer Fähigkeiten werden unter Umständen jedem Kind

4. Bausteine eines inklusiven Sportunterrichts

eigene Regeln, Aufgaben und Verantwortlichkeiten innerhalb eines Trainingsabschnittes zugewiesen.

Ein ständiger Reflexionsprozess mit der gesamten Gruppe schafft ein soziales Lernumfeld, in dem die Teilnehmenden durch eine wertschätzende und aufmerksame Haltung der Trainer

> *„Die Gleichbehandlung unter Ungleichen ist nicht gerecht."*
> Horst Strohkendl, Lehrwart DRS

Selbstkompetenz erfahren. Sie werden bei der Entwicklung von Spiel- und Gruppenregeln aktiv einbezogen. Dies ist insbesondere für die Kinder mit Beeinträchtigungen wichtig, die hierdurch das Selbstvertrauen entwickeln, auch außerhalb der Turnhalle ihre Vorstellungen und Wünsche für eine selbstbestimmte Lebensgestaltung zu äußern.

Die Erfahrung, die eine Schülerin der IGSNO im wöchentlichen Training des TV Laubenheims macht, lässt sich auf andere Kinder-Rollstuhlsportgruppen in Deutschland übertragen: „Der Rollstuhlsport im Verein bedeutet für sie weit mehr als die reine körperliche Betätigung. Das Erlernen des sicheren Rollstuhlfahrens hilft ihr im Alltag, in der Gruppe erlebt sie sich als sportlich. Sie trifft auf Gleichgesinnte, erlebt Vorbilder in den erwachsenen Rollstuhlfahrern und schaut sich Vieles von ihnen ab" (HERZOG 2010, S. 164).

Berichte der Rollikinder in der Sportgruppe haben die Übungsleitung darauf aufmerksam gemacht, dass aus ihrer Sicht hoch bewegungsbegabte Kinder im Sportunterricht keine oder nur sehr wenige Erfolgserlebnisse haben. Teilweise waren sie vom Schulsport gänzlich befreit oder auf die Rolle des passiven Zuschauers festgelegt. Erfolgserlebnisse und die Erweiterung von Bewegungserfahrung im Schulsport sind für behinderte Kinder, die häufig unter einer beeinträchtigten Körperwahrnehmung und einer massiv eingeschränkten Mobilität leiden, genauso wichtig oder noch wichtiger als für Schülerinnen und Schüler ohne Behinderungen.

Therapeutische Maßnahmen setzen meist an den „erkrankten", defizitären Bewegungsmustern an und vermitteln den Eindruck des ständigen Nicht-Könnens. Erfolge im sportlichen Bereich können ein positives Körper- und Lebensgefühl vermitteln. Das Erfahren von Selbstwirksamkeit stärkt dabei die Persönlichkeitsentwicklung. „Nichts ist fruchtbarer als der Erfolg" (STROHKENDL 2010).

4. Bausteine eines inklusiven Sportunterrichts

> *Aus der Kooperation von Vereinsrollstuhlsport und einer Schule entsteht ein nachhaltiger Wissenstransfer.*

Wie lassen sich nun die im Vereinssport erarbeiteten Erfahrungen in den Wissenskontext Schule einbringen? Der TV Laubenheim 1883 e.V. hat dazu das Projekt „Die Schule rollt!" entwickelt.[15] Dabei kommt ein Trainerteam des Vereins, zu dem jeweils eine „echte" rollstuhlfahrende Person als Experte gehört, an die Schule und bringt mindestens für die Hälfte der Klasse Aktivrollstühle mit. Für jede Klasse nimmt sich das Projekt mindestens einen halben Schultag lang Zeit, um Lernerfolge der Kinder zu sichern und nachhaltige Erfahrungen zu gewährleisten. Dabei werden zwei zentrale Ziele verfolgt: zum einen das Erleben von Bewegung im Rollstuhl, das zahlreiche reizvolle und sportliche Herausforderungen bietet, aber durch die Simulation von Hindernissen wie Bordsteinkanten und Stufen auch die Schwierigkeiten in einem nicht barrierefreien Alltag aufzeigt; zum anderen der Abbau von Vorurteilen und Unsicherheiten im Umgang mit rollstuhlfahrenden Menschen.

Hervorzuheben ist dabei die Rolle der erfahrenen Rollstuhlnutzenden als wesentliche Säule des Projekts. Durch die authentische Begegnung mit selbstbestimmten Menschen mit Behinderungen, die von ihren Lebensbedingungen, persönlichen Zielen, Träumen und Schwierigkeiten berichten können, entstehen bewusstseinswirksame Erfahrungen. Die Kinder und Jugendlichen werden für einen respektvollen Umgang mit ihren beeinträchtigten Mitschülerinnen und Mitschülern sensibilisiert und die Rollstuhlfahrenden werden als Experten in eigener Sache bestärkt. Erwachsene, kompetente Rollstuhlnutzer können sich besser als Kinder kniffligen Fragen wie „Schläfst du auch im Rollstuhl?", „Wie fährst du Auto?", „Bist du manchmal traurig, dass du nicht laufen kannst?" stellen und fungieren zugleich als wichtige Vorbilder und Identifikationsfiguren für die Integrationskinder.

Zu den Inhalten bei einem Projekttag können Rollstuhlfahrtechniken, kleine Bewegungsspiele sowie klassische Rollstuhlsportarten gehören. Die Schülerinnen, Schüler, Lehr- und Fachkräfte haben die Möglichkeit, Sport, Spiel und Bewegung im Rollstuhl selbst zu erproben und das Erfahrene zu verinnerlichen.

---

15 Das Projekt läuft seit 2009. Kooperationspartner sind die Unfallkasse Rheinland-Pfalz, deren finanzielle Unterstützung die Autoren dankbar hervorheben möchten, sowie der Behinderten- und Rehabilitationssport-Verband Rheinland-Pfalz. Das Projekt wird an Schulen im ganzen Bundesland durchgeführt.

4. Bausteine eines inklusiven Sportunterrichts

„Dabei erleben sie sowohl das Gefühl, an Barrieren zu stoßen, als auch die besondere Freude über neu erworbene Fertigkeiten und Bewegungsmuster. Dabei ist es Aufgabe des begleitenden Teams, zum einen Hindernisse nicht durch vorschnelle Hilfeleistung zu trivialisieren (der kleine Schubs über die Bordsteinkante) und zum anderen durch Reflektion die Teilnehmer_innen im Erkenntnisprozess zu unterstützen, dass jeder Rollstuhlnutzende unterschiedliche Beeinträchtigungen und damit auch unterschiedliche (Bewegungs-)Möglichkeiten hat" (DRS 2015, S. 10).

Im Schulalltag bleibt oft zu wenig Zeit bzw. wird zu schnell Hilfestellung angeboten. Konkrete Probleme im integrativen Schulleben wie die gleichberechtigte Teilhabe bei Klassenfahrten, Ausflügen, im Unterricht und innerhalb der Klassengemeinschaft können mit Außenstehenden diskutiert und gemeinsam nach Lösungsansätzen gesucht werden. Oft kann hier ein kleiner Hinweis auf die notwendige Hilfestellung (z. B. zur Treppenbewältigung), auf nützliche Hilfsmittel (z. B. elektrische Zuggeräte für den Rolli) und auf Sportgeräte (z. B. den Monoski) ganz neue Wege eröffnen.[16]

„Die Schule rollt!" kann an einem Tag nur Impulse geben und Denkprozesse darüber in Gang setzen, wie ein gemeinsamer Sportunterricht und Schulalltag zu gestalten ist, damit er auch den Kindern im Rollstuhl gerecht wird. „So hat sich das zur Verfügung Stellen eines weiteren Rollstuhls (oder auch mehrerer Rollstühle) für die Mitschüler bewährt, um beispielsweise das Einteilen in etwa gleich starke Gruppen zu erleichtern" (HERZOG 2010, S. 165). Diese Maßnahme ist an der IGSNO durch die Anschaffung eines „Schul-Rollstuhls" dauerhaft umgesetzt worden.

Schon mit einfachen Spielen lassen sich durch kleine Regelanpassungen, Variationen der Spielfeldgröße, den Einsatz von Rollbrettern oder Fangschlangen oder durch unterschiedliche Fortbewegungsarten (Hüpfen, Spinnengang …) die vielfältigen Möglichkeiten der Binnendifferenzierung aufzeigen. Dabei wird der Fokus zum Gelingen eines gemeinsamen Sportunterrichts auf die Fähigkeiten *aller* Schülerinnen und Schüler gerichtet und die Frage gestellt: Wie können wir diesen Sport/dieses Spiel *gemeinsam* durchführen? „Nachteilsausgleiche durch individuelle Regeln, Regelanpassungen und Modifikationen, die auf die spezielle Gruppe und die Fähigkeiten der einzelnen Schüler adaptiert sind, können

---

[16] Vergleichbare Projekte gibt es inzwischen nahezu in jedem Bundesland. Siehe: http://www.drs.org/cms/projekte/schulprojekte.html

teilweise auch mit den Schülern erarbeitet und reflektiert werden. Schüler entwickeln beim Tischtennis mit einer Mitschülerin mit Tetraspastik ein zweidimensionales Spielen mit Schieben des Balls auf der Platte ohne Netz." (HERZOG 2010, S. 166). Dadurch werden alle drei Basiskompetenzen gefordert und gefördert: die Selbstkompetenzen ebenso wie ihre sozial-kommunikativen und kognitiven Kompetenzen.

Als besonders wichtig hat sich das Herstellen von Transparenz erwiesen: Die Kinder sollten wissen, was sie im Sportunterricht erwartet und warum es mehr Spaß für alle bringt, wenn jeder eine Chance auf Erfolg hat. Durch die direkte Konfrontation jedes Mitglieds einer Klassengemeinschaft mit den eigenen Stärken, Schwächen und Grenzen sowie mit dem Thema Sieg und Niederlage ergeben sich viele Möglichkeiten zum sozialen Lernen (vgl. ROUSE 2012, S. 9). Es lässt sich demnach festhalten, dass in einem gelingenden inklusiven Sportunterricht keineswegs jedwede Form von Wettkampf ausgeschlossen ist. Die Frage ist die nach der Umsetzung eines Unterrichts für jeden Lernenden, welcher die individuelle Autonomie wahrt und Erfolgserlebnisse ermöglicht. Die enge Kooperation des TV Laubenheim 1883 e.V. mit der IGSNO sorgt für die Nachhaltigkeit eines inklusiven Entwicklungsprozesses, der ohne die Erfahrungen aus dem Vereinssport für Rollikinder so nicht gegeben wäre.

Rollstuhlfahrtechniken als relevante Inhalte des Sportunterricht

Bisher werden die spezifischen Chancen und sportlichen Herausforderungen des Rollstuhlfahrens im Sportunterricht in der Regel verkannt. Ein Rollstuhl ist nicht einfach ein Hilfsmittel zum Ersatz der Lauffunktion. Er ist ein besonderes Fortbewegungsmittel und in diesem Fall auch ein Sportgerät, dessen Umgang erlernbar ist. Das sichere Beherrschen des eigenen Rollstuhls ist bei Integrationskindern im Sportunterricht nicht vorauszusetzen.[17] Vielmehr ist das Erlernen des Rollstuhlfahrens an bestimmte technische, didaktische und methodische Voraussetzungen geknüpft. Manche Kinder können diese Aufgabe autodidaktisch bewältigen und manche Kinder haben die Chance, im Verein durch die Hilfe geschulter Fachkräfte die für sie im Sport und im Alltag überaus bedeutsamen, spezifischen Fertigkeiten zu erwerben. Die Grundtechniken des

---

[17] Rollstuhlnutzende und Interessierte können die Fahrtechniken in Vereinen oder Kursen des Deutschen Rollstuhl-Sportverbandes e.V. erlernen: www.drs.org oder www.rollikids.de

4. Bausteine eines inklusiven Sportunterrichts

Rollstuhlfahrens und ihre Erweiterung sind Teil dieser spezifischen Fertigkeiten, welche die Basis zur Optimierung des jeweilig verfügbaren Bewegungspotentiales und zur Teilhabe am Sportunterricht bilden. Denn wer nicht Schlittschuh laufen kann, der wird beim Eishockeytraining nur wenig Erfolg haben. Ein Überblick über wichtige Rollstuhlfahrtechniken des Curriculums von Horst Strohkendl bietet die Übungsreihe auf den Kopiervorlagen (Seite 65–67).

Beim Rollstuhl, wie auch bei anderen Sportgeräten, gibt es technische Voraussetzungen, welche den Bewegungserfolg fördern oder gar vollständig verhindern können. Vertiefende Kenntnisse über Rollstuhlanpassung sind von Sportfachkräften nicht zu erwarten. Aber eine Faustregel gilt: Ein Rollstuhl muss passen wie ein Schuh! Ein Rollstuhl soll gut rollen und das Kind über längere Phasen sowohl aktiv als auch entspannt darin sitzen können.

> *Rollstuhlversorgung erfolgt ganz individuell. Das rollende Fortbewegungsmittel sollte perfekt auf die Körpermaße des Nutzers angepasst sein. Für den gemeinsamen Sportunterricht ist nur in Ausnahmefällen ein spezieller Sportrollstuhl nötig.*

Wenn das Fachkräfteteam in der Schule zu diesem Punkt Probleme beobachtet, sollte es die Eltern und eventuell die Versorger und Therapeuten des Kindes darauf ansprechen.

Der Grad der erlernbaren Fertigkeiten mit einem gut angepassten Rollstuhl hängt ab vom verfügbaren Bewegungsprofil, beeinflusst durch die jeweilige Behinderung des Rollikindes. Es kann von den Sportfachkräften keineswegs erwartet werden, vertiefende Kenntnisse zu den jeweiligen Behinderungsbildern zu erwerben. Wichtig ist im Schulalltag immer der Austausch mit den Eltern des Rollikindes über zentrale Sicherheitsaspekte und medizinische Risiken.[18] Obwohl dieser Punkt bedeutsam ist, sollte er niemanden verunsichern. Es kann hilfreich sein, sich durch Beobachtung oder Nachfragen ein rasterhaftes Bild mit folgenden Leitfragen zu machen:

1. Hat das Kind außer der Körperbehinderung auch eine Lernbeeinträchtigung?
2. Hat das Kind die Kontrolle über die Rumpfbewegung bzw. die Oberkörpermuskulatur?
3. Hat das Kind eine zusätzliche Beeinträchtigung der Hand-Arm-Funktionen?

---

18 Eine körpernahe Hilfestellung kann in vielen Fällen zum Erlernen von Fahrtechniken und Bewegungsmustern sinnvoll sein. Körperkontakt setzt jedoch Kenntnisse über die Behinderung voraus und erfolgt nur in Absprache mit dem Kind.

4. Bausteine eines inklusiven Sportunterrichts

Durch diese Einordnung lässt sich besser ermessen, über welches Bewegungspotential ein Kind verfügt, wie Stundenverläufe geplant und passende Aufgaben gestellt werden müssen.

Tipps für Rollikids

Je nach Bewegungspotential können von den Rollstuhl fahrenden Kindern und Jugendlichen im Sportunterricht bestimmte Fertigkeiten erworben werden. Dafür ist eine Anpassung der Lerneinheiten auf die gesamte Gruppe nötig. Einige weitere Tipps für Rollikids im Überblick:

- Bälle sollten möglichst von unten zugeworfen werden, damit sie vorne auf dem Schoß gefangen werden können.
- Viele verschiedene Materialien, die gefangen und geworfen werden können, stärken die Reaktions-, Umstellungs- und Antizipationsfähigkeiten der gesamten Gruppe. Bewährt haben sich z. B. Street-Handbälle, Sandsäckchen, weiche Buschwusch-Bälle und das Spielen mit einem (auf dem Boden gerollten) Gymnastikball ...
- Ziele, die Punkte erbringen, können variiert werden. Im Jugend-Rollstuhlbasketball beim Deutschen Rollstuhl-Sportverband ist es schon seit Jahren üblich, an ein Basketballkorbnetz bei Bedarf noch ein zusätzliches Bändchen zu hängen; dessen Berührung durch den Ball gilt für manche Kinder bereits als Treffer.
- Die Entwicklung individueller Kompensationsmöglichkeiten der Kinder sollte bestärkt werden. So werfen viele Kinder mit Spastik einen Ball deutlich weiter, wenn er von unten geworfen oder vom Schoß weggeschlagen wird, anstatt wie technisch korrekt oberhalb der Schulter (Schlagwurf).

Spastik = verstärkter Spannungszustand der Muskulatur, aus der eine Willkürmotorik resultiert. Muskelgruppen arbeiten nicht koordiniert zusammen.

- Um Geschwindigkeitsdifferenzen auszugleichen, kann das Gefangenwerden erschwert werden (z. B. gilt nur die Berührung der Schuhe) und beim Fangen hilft eine Fanghilfe (z. B. eine Poolnudel).
- Bei manchen sportlichen Themen bietet es sich an, das Rollikind zu fragen, ob es ohne Rollstuhl teilnehmen will. Häufig ist eine Restmotorik der unteren Extremitäten vorhanden, die beim Überklettern von Matten und anderen Hindernissen geübt werden kann.

Übungsreihe „Rollstuhlfahrtechniken"

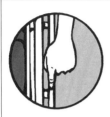

Zweifingergriff

- Das vordere Glied des Zeigefingers liegt unter dem Greifreifen. Der Daumen liegt von oben auf. Die anderen drei Finger bleiben zur Faust geschlossen und berühren den Greifreifen nicht.
- Kontrolle: Die Hand kann am Greifreifen entlang rutschen, ohne mit Speichen oder Halterung in Kontakt zu kommen.
  Erklärung: Handgelenk bleibt beweglich und beim Schieben kann aktiv beschleunigt werden.

Starthaltung und Anschub

- Der Rumpf leitet die Bewegung ein! Der Oberkörper wird nach vorne von der Rückenlehne weg gelehnt. Hände auf den höchsten Punkt des Greifreifens.
- Mit einer kräftigen Streckbewegung der Arme, die in der Bewegung beschleunigen, und gleichzeitigem Druck der Hände auf den Greifreifen wird dieser bewegt.
- Merke: Nur die Arme bewegen sich. Nach voller Streckung lassen sie den Reifen los und pendeln nach einer kleinen Pause wieder nach hinten.

Bremsen und Kurve fahren

- Der Rumpf leitet die Bewegung ein! In der Fahrt den Oberkörper nach hinten lehnen, Hände üben mit gestreckten Armen vorne Druck auf den Greifreifen aus.
- Die Reifen rutschen durch die Finger, bis der Rolli steht.
- Kurven fährt man durch das Bremsen nur mit einer Hand. Die Kurveninnenhand bildet „Bremsbacken", die von Daumen und gebeugtem Zeigefinger gebildet werden. Übe eine weiche Bewegung.

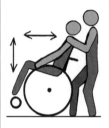	**„Stampfen"** • Der Rumpf lehnt sich nach hinten in die Rückenlehne. Die Hände greifen auf dem höchsten Punkt des Greifreifens. • Anweisung: Schiebe die Räder ruckartig nach vorne. Lasse den Oberkörper hinten. → Der Rollstuhl kippt nach hinten. • Es folgt die Notbremse: Sind die Vorderräder des Rollstuhls in der Luft, Hände ruckartig nach hinten ziehen. Dabei Oberkörper nach vorne lehnen! → Die Vorderräder „stampfen" auf den Boden. • Anweisung: Jetzt Notbremse! Kopf zu den Knien! • Sicherheitshinweis: Nur mit ausgeklapptem Kippschutz/ Stützrad und/oder sichernden Helfer üben! • Merke: Das Kippeln, das Balancieren auf zwei Rädern, ist die Fortführung dieser Übung.
	**Drehen am Ort** • Drehen nach vorne: Der Oberkörper lehnt ganz leicht nach vorne. Eine Hand fixiert das jeweilige Rad vollständig. Die andere Hand schiebt nach vorne. • Drehen wechselseitig: Der Oberkörper bleibt aufrecht. Eine Hand fasst vorne und zieht nach hinten. Die andere schiebt von der Mitte des Rades nach vorne. • Drehen nach hinten: Der Oberkörper lehnt ganz leicht nach hinten. Eine Hand greift weit vorne und zieht kräftig zurück. Den Oberkörper in der Bewegung aufrichten. Die andere Hand macht gar nichts. Beobachte: Wie verändert sich die Größe des Drehkreises und wohin verschiebt sich die Drehachse? Welche Bewegung ist je nach Bewegungsprofil für den Übenden am einfachsten auszuführen?

Matte hochfahren aus dem Stand

- Durch Stampfen wird der Rollstuhl leicht angekippt und die Vorderräder werden auf die Matte aufgesetzt.
- Die Hinterräder sollten die Mattenkante noch nicht berühren. Der Oberkörper ist an diesem Punkt leicht nach vorne geneigt. Die Hände fassen am höchsten Punkt der Greifreifen.
- Anweisung: Jetzt weit nach vorne legen – Kopf zu den Knien! Und fest schieben!
- In der nach vorne gebeugten Position strecken sich die Arme und schieben die großen Räder mit Schwung auf die Matte.

Das Eisbärspiel inklusiv
(Spiel mit offenem Ende)

Ziel: Das Eisbärspiel schließt die vorangegangene Übungsreihe spielerisch ab und überprüft die geübten Techniken. Jedes Kind kann den individuellen Schwierigkeitsgrad selbst bestimmen, indem es sich naheliegende oder entfernte Eisschollen zur Flucht aussucht. Die Belastung wird so ebenfalls individuell variiert. Fußgehende Kinder trainieren Orientierung, Reaktion, Kondition und Kraft, Rollikinder haben als zusätzlichen Trainingsschwerpunkt das Ankippeln und die Hindernisbewältigung (Balance, Timing).

Material: Matten, Gymnastikringe, Kästen, Bänke (Eisschollen)

Regeln: Es gibt Eisbären (Fänger), Robben, einen Tierheiler und einen Spielleiter. Eisbären schlafen im Winter tief und fest. Die Robben sind mutig und frech und können die Eisbären ärgern. Wenn der Frühling kommt, erwachen die Eisbären und versuchen, die Robben zu fangen. Ist eine Robbe „angeknabbert", kann sie sich vom Tierheiler wiederbeleben lassen. Um einem Eisbären zu entgehen, kann sich eine Robbe auf eine Eisscholle retten.

Variationen: Mehr oder weniger Eisschollen als Kinder; bestimmte Eisschollen sind für bestimmte Kinder reserviert; auf einer Eisscholle dürfen mehrere oder nur eine Robbe bleiben; Zeitbegrenzung für eine Eisschollen-Pause; mehrere Eisbären; Variation der Spielfeldgröße ...

4. Bausteine eines inklusiven Sportunterrichts

- Geschoben wird ein Rollikind in der Sporthalle nur in Ausnahmefällen und ausschließlich mit seinem Einverständnis! Alternativ kann es sich an der Hand, mit einem Seil oder mit einem Gymnastikring ziehen lassen, wodurch die Eigenaktivität gefördert wird und jederzeit die Möglichkeit zum Loslassen besteht. Dies kann bei Bewegung zur Musik erprobt werden.

Bevor ein Rollikind erfolgreich am Spiel- und Sportgeschehen partizipieren kann, muss es folgende Grundtechniken des Rollstuhlfahrens beherrschen: anfahren und bremsen, drehen am Ort und Kurven fahren, ein Gefühl für den Balance- und für den Drehpunkt des Rollstuhls entwickeln. Diese Techniken sind vergleichbar mit dem Gehen auf einer Linie, dem Rennen und Stoppen, dem Stehen auf einem Bein etc. bei zu Fuß Gehenden. Zum richtigen Erlernen dieser Fähigkeiten wird den Sportlehrkräften empfohlen, diese Techniken in Fortbildungen des DRS e.V. selbst zu erlernen, um das Rollikind optimal unterstützen zu können.

Resümee: Wir fragen nicht „Ob", sondern „Wie?"

Dieser Beitrag sollte anhand praktischer Hinweise zeigen, wie sich die Erfahrungen eines inklusiven Schulsettings durch die Erfahrungen innerhalb einer Rollstuhlsportgruppe im Verein ergänzen lassen. Welche Impulse, Anregungen und Denkanstöße können gegeben werden? Im Mittelpunkt stehen dabei die Schülerinnen und Schüler, die ständig oder gelegentlich einen Rollstuhl im Schulalltag und Sportunterricht nutzen. Diese Kinder mit Behinderungen sind zuallererst Kinder – sie haben eine individuelle Entwicklungs- und Lerngeschichte, eine sich in der Entwicklung befindliche Persönlichkeit und ihre eigenen Stärken und Schwächen. Sie sind Teil einer Klassengemeinschaft, die durch eine konzeptionell durchdachte und intensive pädagogische Begleitung Vielfalt als selbstverständlich betrachtet und damit einen Mehrwert für die Gemeinschaft erkennen lässt.

> *Es sind Fortbildungen für Lehrkräfte anzustreben, in denen Inklusion live erlebt wird, anstatt sie nur theoretisch vorzustellen. Studientage sind eine wunderbare Möglichkeit, eigene inklusive Erfahrungen machen zu können.*

Dennoch nehmen Rollikinder in der Regel ihre Andersartigkeit durchaus wahr. Daher steht die Unterstützung ihrer sozial-emotionalen Entwicklung gleichwertig neben der Förderung ihrer motorischen Fertigkeiten. Teilhabe bedeutet mehr als „dabei sein" – sie meint selbstbestimmtes, möglichst selbstständiges Partizipieren in einer Gemeinschaft, in der jeder wertgeschätzt wird und eine Chance auf (sportliche) Erfolgserlebnisse hat. Um dies zu erreichen, fragen wir nicht, *ob* ein Kind an dieser oder jener Aktivität teilnehmen kann, sondern immer *wie*.

Literatur

BLACK, K. & STEVENSON, P. (2012): *The inclusion spectrum incorporating STEP*.
DEUTSCHER ROLLSTUHL-SPORTVERBAND E.V. (Hrsg.) (2015): *Rollstuhlsport in der Schule – von der Idee zum Projekt*. Hamburg.
HERZOG, U. (2010): Integrativer Sportunterricht und der Einbezug von Schülern mit Rollstuhl – der Beitrag des Rollstuhlsports auf dem Weg zur Inklusion. *Gemeinsam leben, Zeitschrift für Inklusion, 18* (3), 164–166.
ROUSE, P. (2012): *Fitness, Motorik und soziale Kompetenz für alle – Inklusion im Sportunterricht*. Mühlheim an der Ruhr: Verlag an der Ruhr.
STROHKENDL, H. (2010): DRS-Lehrbrief. Lohmar: Eigenverlag des DRS e.V.

4.2 Gemeinsam Bewegung erleben! Sportliche Ideen aus der Montessori-Pädagogik (von Illu Schmuttermair[19])

Viele Montessori-Schulen unterrichten seit etlichen Jahren inklusiv und konnten hierin bereits wertvolle Erfahrungen sammeln. In der Montessori-Pädagogik ist Bewegung in der gesamten Entwicklung und Erziehung der Kinder von grundlegender Bedeutung und es kommen wesentliche Elemente zum Tragen, die dazu führen, dass Inklusion für alle Beteiligten als Bereicherung empfunden wird. Auch im Sportunterricht können verschiedene Grundsätze der Montessori-Pädagogik berücksichtigt werden, zudem trägt der Sport dazu bei, die Kinder zur Unabhängigkeit und Selbstständigkeit zu erziehen, über alle sozialen, religiösen und ethnischen Grenzen hinweg.

Anhand ausgewählter Prinzipien der Montessori-Pädagogik soll hier gezeigt werden, wie wir dem Ziel eines gelungenen inklusiven Sportunterrichts näher kommen können.

---

19 Illu Schmuttermair studierte Grundschullehramt mit Hauptfach Sport und erwarb 2005 das Montessori-Diplom. Nach langjährigem Unterrichten an der Regelschule ist sie nun seit 10 Jahren in jahrgangsgemischten Stufen an der Montessori-Schule Dinkelscherben u.a. im Sportunterricht tätig.

4. Bausteine eines inklusiven Sportunterrichts

Die vorbereitete Umgebung

Pädagogen haben die Aufgabe, die Lernumgebung so zu gestalten, dass sie den Bedürfnissen und dem Entwicklungsstand des Kindes entsprechen. Gerade in den Sportstunden kann die Umgebung in jeder Stunde neu gestaltet und entwickelt werden, was viele Chancen der Veränderung zum gemeinsamen Tun und der Teilhabe eröffnet. Wie sich alle Kinder einbringen können, zeigt das Beispiel der Bewegungslandschaften.

- Gemeinsam wird besprochen, welche Elemente die Schülerinnen und Schüler aufbauen, an denen sie gerne turnen. Ein Bereich kann ein vorgegebener Pflichtteil sein, an dem jedes Kind an seinem Leistungsstand orientierte Aufgaben gestellt bekommt und Tipps erhält (z. B. eine Turnübung wie der Unterschwung am Reck über ein Hindernis) oder an dem neue Elemente eingeführt werden (z. B. die Gletscherspalte).
- Beim Auf- und Abbau der Geräte beteiligen sich alle gleichermaßen nach ihren Fähigkeiten und Interessen. Die Wertschätzung gegenüber den Geräten zeigt sich im ordentlichen Aufräumen.
- Zur Aufgabe der Lehrperson gehört es, darauf zu achten, dass an den verschiedenen Stationen unterschiedliche Interessen und Schwierigkeitsgrade abgedeckt werden und es möglich ist, sowohl neue Bewegungsarten zu entdecken, als auch Bekanntes zu üben.
- Die verschiedenen Stationen sollen die Kinder dazu anregen, sich kleine Spiele auszudenken oder Übungen zu entwickeln, die sie sich gegenseitig zeigen. Hilfreich sind offene Aufgabenstellungen wie: „Wer kommt zur anderen Seite, ohne den Boden zu berühren?" oder „Wechselt auf dem Balken die Seiten, ohne dass einer hinunterfällt."
- Damit die Landschaften abwechslungsreich und herausfordernd bleiben, können Themenschwerpunkte vorgegeben werden, z. B.: „Heute bauen wir so auf, dass Drehungen möglich sind." „Heute turnen wir Kopf über." „Heute bauen wir Höhlen." oder „Heute sind wir im Dschungel." So kann zusätzlich die Bewegungs- und Konstruktionsfantasie angeregt werden.

Die Beobachtung

Während die Kinder im Spiel oder im Gerätegarten sind, kann sich die Lehrkraft die Zeit nehmen, um alle Schülerinnen und Schüler zu beobachten. So kann sie Verhaltensweisen und spezielle Fähigkeiten, auch die sozialen, erkennen und besser verstehen. Manchmal wird auch deutlich, welche Hilfestel-

4. Bausteine eines inklusiven Sportunterrichts

lungen ein Kind (nicht nur auf Sport bezogen) braucht. Ein Fragenkatalog kann bei der Beobachtung helfen:
- Zu wem hat A positiven Kontakt?
- In welchen Situationen genau zögert B?
- Welche Schülerkonstellation fördert Konkurrenz?
- Wer unterstützt wen? Wie schaut diese Unterstützung aus? (Mut machend, aufdringlich, teambildend, ...)
- Wie zeigt C ihre Grenzen, ihre Freude oder ihre Ängste?
- Welche motorischen Probleme erkenne ich bei D?

Die freie Wahl

Kernpunkt der Montessori-Pädagogik ist die freie Wahl. Sie darf nicht damit verwechselt werden, dass das Kind tun und lassen kann, was es will.

> *„Die Freiheit der Wahl führt zur Würde des Menschen. Aber die Freiheit kann (...) nicht gegeben werden, sie gehört zur menschlichen Natur und muß gepflegt werden, damit es ihr gelingt, sich zu behaupten und sich als einer der Hauptzüge der menschlichen Eigenart zu zeigen."* (Aus: Montessori-Werkbrief, Heft 4, 1985)

Der Sportunterricht gibt zahlreiche Chancen, die Freiheit zu pflegen und die Kinder an Entscheidungen aktiv zu beteiligen.
- Die Kinder wählen ihre Übungspartner selbst, fordern ihren Gegner heraus oder bilden Teams, um Aufgaben zu lösen.
- Gibt es verschiedene Stationen, können sie entscheiden, an welchen Stationen sie wie lange üben.
- Bei verschiedenen Schwierigkeitsstufen schätzen sich die Kinder selbst ein, z.B. wie hoch ein Kasten sein soll oder wie oft eine Übung wiederholt wird.
- In freien Phasen können sich die Schülerinnen und Schüler nach ihren Bedürfnissen bewegen, ihre Ideen einbringen, Kleingeräte nach Absprache verwenden und sich selbst Aufgaben stellen. Hier ist der Einsatz von Aufgabenkarteien, eventuell bebildert oder in Leichter Sprache, sehr zu empfehlen.
- Die Kinder können zwischen verschiedenen Übungsaufgaben wählen.

Rituale

Rituale bilden einen verlässlichen Rahmen, festigen soziale Systeme und geben uns Sicherheit. Vor allem für Menschen mit Autismus-Spektrum-Störungen sind Rituale und ritualisierte Handlungen wichtig, um nicht überfordert zu

4. Bausteine eines inklusiven Sportunterrichts

werden. Auch für alle anderen ist es sehr entlastend, wenn sie nicht mehr über Handlungsstrategien nachdenken müssen. Rituale helfen gerade im Sport, Strukturen und Regeln leichter einzuhalten. In meinem Sportunterricht haben sich folgende Rituale bewährt:
- Im wöchentlichen Wechsel finden Spiele- oder Gerätestunden statt.
- Während der ersten 10 Minuten dürfen sich die Schülerinnen und Schüler frei bewegen und Kleingeräte wie Seile oder Bälle nach Absprache mit mir nutzen. Dadurch wird die unterschiedliche Geschwindigkeit fürs Umziehen in einer Art Gleitzeit aufgefangen. Die Kinder bewegen sich von Anfang an, bringen sich ein und schließen sich selbstständig zu Gruppen zusammen. Die Lehrkraft hat Zeit, sich Einzelnen zuzuwenden.
- Gesteuerte Phasen beginnen stets mit einem Planungskreis und enden mit einem Reflexionskreis.
- Kleine Spiele werden im Wechsel von den Kindern und von der Lehrkraft vorgegeben.
- Alle, ob sie gewonnen oder verloren haben, geben sich am Ende eines Spiels die Hand als Anerkennung.
- Es gibt wechselnde Helferinnen und Helfer, die z. B. Schülerinnen beim Anziehen unterstützen oder ein Kind durch einen Parcours begleiten.

Schulung des Regelverständnisses

Meist bietet der Sportunterricht gute Möglichkeiten, Regularien gemeinsam zu erarbeiten bzw. besprochene Regeln zu verändern oder anzupassen. Dies kommt inklusiv beschulten Kindern zugute, da ihre Bedürfnisse oder Einschränkungen offen thematisiert und der Umgang damit lösungsorientiert gestaltet werden kann. Spielregeln und Regelungen von Verhaltensweisen sollten mit den Schülerinnen und Schülern gemeinsam erarbeitet werden, denn sie wollen es gerecht und selbstbestimmt. Hier einige Beispiele:
- Wenn du nicht so gut fangen kannst, was würdest du dir von den anderen wünschen? (Ich möchte, dass ein anderer für mich fängt oder der Ball mir so zugeworfen wird, dass ich ihn leicht fangen kann.)
- Was macht jemand, der nicht über das Hindernis kommt? (Er wählt sich ein Helferkind oder er bekommt eine andere Aufgabe.)
- Ich habe gesehen, dass sich einige vordrängeln, wie können wir das ändern? (Wir weisen freundlich darauf hin oder die Drängelnden müssen danach warten.)

4. Bausteine eines inklusiven Sportunterrichts

- Wie viele Fänger soll es geben?
- A hat noch keinen Partner. Wie wollt ihr das regeln?

Meist dauert es zunächst länger, bis die Schülerinnen und Schüler selbstständig Lösungen finden, aber dafür halten sich die Kinder lieber und häufiger an selbst gefundene Regelungen. Die Lehrkräfte sollen diesen Prozess begleiten, sich mit eigenen Vorschlägen aber weitgehend zurückhalten. Die Prinzipien der Chancengleichheit bzw. -gerechtigkeit und Nichtdiskriminierung sollten bei Regeln eingehalten werden.

Lehrkräfte als Vorbild

Es kann nicht oft genug darauf hingewiesen werden, dass sich Kinder an den Erwachsenen orientieren und wir unser Verhalten immer wieder dahingehend überprüfen sollten, wie wir respektvollen Umgang leben, frei nach dem Motto Karl Valentins: „Wir brauchen unsere Kinder nicht erziehen, sie machen uns sowieso alles nach". Dies gilt auch im Sportunterricht, da hier Kontaktaufnahmen und Begegnungen vermehrt stattfinden. Folgende Fragen können zur Selbstreflexion anregen:

- Beachten wir jedes Kind mit seinen positiven Seiten?
- Schließen wir niemanden aus? Wird keiner bloßgestellt?
- Unterbinden wir diskriminierendes Verhalten?

Wie die Lehrkräfte den Sportunterricht zur Gestaltung des gemeinsamen Zusammenlebens nutzen, wirkt auf die Schülerinnen und Schüler nachhaltig.

- Gemeinsames Lernen gelingt häufig besser im Freien als in der Enge von Gebäuden. Deswegen können Aktivitäten wie ein Waldtag, gemeinsames Schlittschuhlaufen oder Joggen positive Begegnungen schaffen. Das Kennenlernen von Pausenspielen kann ebenso dazu beitragen.
- Um ihre Selbsteinschätzung zu erweitern und dadurch Sicherheit zu gewinnen, benötigen die Kinder die Rückmeldung der Lehrkraft. Neben der Beurteilung ihrer Leistungsfähigkeit sollte die Klasse ihre sozialen Kompetenzen unter die Lupe nehmen. Hierbei hilft ein Einschätzungsbogen zum Ankreuzen (mit Kategorien wie *selten, manchmal, häufig, fast immer*) von Fragen wie: Hältst du dich an gemeinsame Regeln? Bemühst du dich um Rücksichtnahme? Hilfst du beim Aufräumen?

4. Bausteine eines inklusiven Sportunterrichts

- Lernende wünschen sich Gerechtigkeit. Notwendig sind Lösungen, um chancengleiche Mannschaften zu bilden (z. B. durch unterschiedliche Torgrößen oder abgestufte Regeln für die Erreichung der Punktzahl). Die Kinder benötigen Zeit und Anregungen, um Strategien entwickeln zu können und um die Einsicht zu gewinnen, dass chancengleich und gerecht nicht bedeutet, dass jede und jeder gleich behandelt wird.
- Schulbegleiter können die Kontaktaufnahme in Gruppen und somit Entwicklungen auf sozialer Ebene unterstützen. Die Betreuung eines einzelnen Kindes im Sport wirkt sich häufig negativ aus.
- Günstig ist es, Mannschaften auszulosen. Dabei wird vermieden, dass stets dieselben Kinder als letzte gewählt werden und sich so auch als „das Letzte" fühlen. Ausgrenzung ist unbedingt zu verhindern.

Im Sport ist es wie „im richtigen Leben": Menschen wollen Anerkennung und Erfolge erleben, sich spüren, sozial akzeptiert werden, sich als kompetent und bedeutsam erfahren, Spaß haben und sich unter gerechten Bedingungen bewegen. Dies alles möchten inklusiv beschulte Kinder auch.

Wir als Lehrkräfte sollten unseren Teil dazu beitragen, dass die Kinder diese Ziele nicht nur im Sportunterricht erreichen können.

4.3 Sport nur mit den Augen – kein Problem? Schüler und Schülerinnen mit Hörbeeinträchtigung im Sportunterricht
(von Angela Enders[20], Laura und Nils Enders-Brenner)

Mit den Augen hören – Hörgeschädigte im Sportunterricht

Sport und Bewegung scheinen – neben Musik und Kunst – besonders geeignet, Integration und Inklusion von Kindern und Jugendlichen mit Behinderung in die Klassen- und Schulgemeinschaft zu fördern. Der Sportunterricht weckt hohe integrative Erwartungen, da er als prädestiniert gilt, um soziale Lernziele wie Kooperations- und Konfliktfähigkeit, Rücksichtnahme oder Frustrationstoleranz zu erreichen. Gerecht wird er diesen Erwartungen allerdings

---

[20] Frau Prof. Dr. Angela Enders ist Akademische Rätin an der Universität Regensburg am Lehrstuhl Pädagogik (Grundschulpädagogik). Seit vielen Jahren ist einer ihrer Schwerpunkte in Forschung und Lehre das Thema „Inklusion". Als Grundschullehrerin hat sie bereits selbst hörgeschädigte Kinder unterrichtet, auch im Bereich Sport. Sie ist zudem Mutter zweier hörgeschädigter Kinder.

4. Bausteine eines inklusiven Sportunterrichts

nur, wenn die behinderungsspezifischen Probleme im herkömmlichen Sportunterricht erkannt und angegangen werden.

Die Probleme von Kindern und Jugendlichen mit motorischen Beeinträchtigungen oder mit einer Sehschädigung liegen auf der Hand. Bei Hörgeschädigten ist das nicht der Fall. Die Defizite von Hörgeschädigten im Sportunterricht können von Lehrkräften und Mitschülern erst mit entsprechendem Hintergrundwissen erschlossen werden.

Doch zeigen die speziell auf Hörgeschädigte ausgerichteten Wettkämpfe der Gehörlosensportvereine und die Deaflympics (englisch „deaf" = taub), dass Hörgeschädigte besonderen Einschränkungen unterliegen. Sie benötigen spezifische Rahmenbedingungen, wenn sie an Sportwettkämpfen erfolgreich teilnehmen wollen.

Was Kinder mit Hörschädigung nicht können

Dass Gehörlose nicht hören können, ist allgemein bekannt. Weniger bewusst ist Hörenden aber, dass auch hörgeschädigte Menschen in bestimmten Situationen mit ähnlichen Problemen wie Gehörlose konfrontiert sind. Das verkennen oft auch Lehrkräfte in Regelschulen, die mit hörgeschädigten Kindern zu tun haben. Der Schüler mit Hörschädigung, der dem Unterricht im Klassenzimmer noch relativ gut folgen kann, wird in der Sport- oder Schwimmhalle schnell zum gehörlosen Schüler. Das Hallen und die Lautstärke, die durch Toben und Schreien in der Turnhalle entstehen, verhindern ebenso ein zielgerichtetes Hören wie das Abnehmen der Hörgeräte oder des Cochlea-Implantats, das aus Sicherheits- und technischen Gründen oft erforderlich ist. Die Folgen sind klar: Anweisungen der Lehrkraft, Zurufe bei einem Mannschaftsspiel oder der Startpfiff beim Schwimmen, Spielerklärungen oder der Musikeinsatz, der eine neue Aktivität einläutet, sind nicht oder kaum mehr hörbar.

Auch mit leiser und ruhiger Stimme vorgetragene Fantasiereisen und Entspannungsspiele zum Ausklang einer Sportstunde gehen häufig an Kindern mit Hörschädigung vorbei. Sie müssen folglich Kompensationsstrategien anwenden: Sie können sich beim Spielen an den Klassenkameraden orientieren, Bewegungen genau beobachten und – immer verzögert – nachahmen; mit hoher Konzentration und Kombinationsfähigkeit können sie versuchen, einer Spielanleitung oder dem Spielverlauf zu folgen und über Gestik, Mimik oder Gebärden zu kommunizieren, was nicht immer möglich ist (z. B. beim Klettern); aber sie

4. Bausteine eines inklusiven Sportunterrichts

müssen auch Frustrationserlebnisse bewältigen, wenn Kommunikation nicht gelingt.

Hören hat immer mit Kommunikation zu tun und eingeschränktes Hören mit Kommunikationserschwernissen. Gerade bei Mannschaftsspielen wird dies virulent: Die Taktikerklärungen der Lehrkraft beim Fußballspielen werden ebenso wenig verstanden wie die schnellen Absprachen im Spielverlauf selbst. Kommunikative Missverständnisse führen so nicht selten zu Ärger und Schuldzuweisungen. Werden hier nicht rechtzeitig geeignete Maßnahmen ergriffen, können am Ende Frustration und sozialer Ausschluss stehen.

Für einen Schüler mit Hörschädigung kann auch die stärkere Akzentuierung von Reflexions- und Kommunikationsfähigkeiten erschwerend sein, wie sie in Bayern mit dem neuen LehrplanPlus für den Sportunterricht gefordert wird. Bereits im Klassenzimmer sind Reflexionsphasen durch das Absehen von den Lippen der jeweiligen Gesprächspartner eine sehr störanfällige Herausforderung. Eine gelingende Kommunikation mit Hörgeschädigten bedarf einer hohen Gesprächsdisziplin mit einer deutlichen Artikulation oder anhaltendem Blickkontakt.

In der Sporthalle sind die Anforderungen an das Ablesen noch umfassender: Die Distanz der kommunizierenden Mitschülerinnen und Mitschüler ist in der Turnhalle oft größer, Positionen wechseln rasch, Gesprächsregeln sind oft weniger ritualisiert als im Klassenzimmer und der Störschall ist größer.

Das Sprachverständnis kann zudem durch eine neue Begrifflichkeit eingeschränkt sein, wenn fachspezifische Begriffe verwendet und oft auch vorausgesetzt werden, die dem Kind mit Hörschädigung gänzlich neu sind. Dazu zählen Begriffe wie „Handstand", „Langbank" oder „kraulen" und auch bekannte Begriffe, die im Sport eine andere Bedeutung erfahren, stellen das hörgeschädigte Kind vor Verständnisprobleme, etwa „Bock springen" oder „ein Rad schlagen". Erschwerend und fast immer unterschätzt ist der eingeschränkte Erfahrungshintergrund. Viele Kinder mit einer gravierenden Hörschädigung verfügen nicht im selben Maße über ein Hintergrundwissen zu Sport und Regeln oder über ein reichhaltiges Repertoire an Bewegungsliedern und kleinen Spielen, wie sie hörende Kinder aus dem Kindergarten häufig mitbringen.

Sportliche Handlungsfelder

Im Folgenden werden anhand einiger sportunterrichtlicher Handlungsfelder die spezifischen Probleme von Hörgeschädigten sowie Unterstützungsmöglichkeiten aufgezeigt. Dabei stehen hier die behinderungsspezifischen Hilfen, wie sie ein hörgeschädigtes Kind benötigt, im Vordergrund. Sollten an einem Sportangebot Kinder mit verschiedenen Behinderungsarten teilnehmen, so kann es durchaus vorkommen, dass sich behinderungsspezifische Hilfen gegenseitig neutralisieren oder gar miteinander in Konflikt geraten. Während der sehgeschädigte Schüler möglichst viel verbal-auditive Unterstützung und Erklärung benötigt, ist im Gegensatz dazu für den Schüler mit Hörschädigung ein stark visueller Input notwendig.

Leichtathletik

Laufen, Springen und Werfen gehören zu den elementaren sportmotorischen Fertigkeiten, über die Kinder mit und ohne Hörschädigung mehr oder weniger ausgeprägt verfügen. Allerdings gibt es viele Kinder mit Hörschädigung, die hier deutlich weniger Vorerfahrungen in die Schule mitbringen als ihre hörenden Mitschüler. Beispielsweise wird unbekümmertes freies Explorieren im öffentlichen Raum aufgrund elterlicher Sicherheitsvorkehrungen oder wegen des Unverständnisses unwissender Mitmenschen eingeschränkt.

Besonders in der Leichtathletik ist es gut möglich, dem hörgeschädigten Schüler Erfolgserlebnisse zu vermitteln und motorische Grundfertigkeiten zu schulen. In einer Einzelsportart kann vieles ohne Abstimmung und Kommunikation erfolgen: die Schulung von Ausdauer und Schnelligkeit, das Überwinden von Hindernisparcours oder das Werfen mit unterschiedlichen Wurfgeräten. Doch müssen Techniken vorab, am besten noch im Klassenzimmer, erklärt und veranschaulicht werden.

Häufig ist es am einfachsten, direkt mit dem Kind zu arbeiten, die Arm- und Handführung beim Werfen mit dem Kind durchzuführen und Fehlformen direkt zu korrigieren. Eine besondere Herausforderung ist es, wenn das Kind die Handlung selbst durchführt oder ein Modell genau beobachtet und dabei nicht gleichzeitig ablesen und auf den Mund des Gegenübers achten kann. Immer ist nur das eine möglich: erst Lippenabsehen und dann auf die Wurftechnik achten oder umgekehrt. Im Idealfall wird der Ablauf mehrmals wiederholt. Ein solches Erarbeiten einer Technik verlangt vom Lehrer eine intensive Stundenvorbereitung mit entsprechendem Materialeinsatz sowie das Einplanen von hinreichend Zeit.

Auch das Werfen mit verschiedenen Wurfgeräten (deren Geschwindigkeit oder Richtung das schwerhörige Kind gerade auf dem Sportplatz im Freien

4. Bausteine eines inklusiven Sportunterrichts

meist nicht hören kann), das Laufen nach bestimmten Rhythmen oder der akustisch angezeigte Start zum Sprinten kann Hörgeschädigte vor Probleme stellen. Eine visuelle Alternative als Startsignal kann beim Wettlauf einen Zeitnachteil bedeuten: Der Schüler muss sich in eine ungünstige Startposition begeben, mit dem Blick nach oben, zum Starter. Eine Vorentlastung durch Vormachen und Nachmachen und durch eine Veranschaulichung mittels Schaubilder ist allgemein von großem Vorteil ebenso wie eine klare Ansage, was wann von wem in welcher Situation erwartet wird.

Schwimmen
Erfahrungen von Laura Enders-Brenner[21] in der Grundschulzeit

Bevor ich schwimme, muss ich meine Hörgeräte aus den Ohren nehmen und sie in einen Behälter legen, damit sie vor Nässe geschützt sind. Der Schwimmlehrer muss mir vor dem Schwimmen ganz genau erklären, was wir machen und worauf ich achten muss. Das ist natürlich schwierig ohne Hörgeräte und nur mit Lippenablesen. Ich kann zwar selbst mit Hörgeräten Sprache nicht verstehen, aber zumindest kann ich normalerweise meine eigene Stimme und den Rhythmus wahrnehmen. Ohne Hörgeräte kann ich nicht wissen, ob ich zu laut oder zu leise spreche.

In der Wettkampfpraxis gibt es wieder spezielle Probleme. Da ich kein Startsignal höre, muss ich schauen, wann die anderen springen, oder jemand gibt mir einen Klaps, sobald das Signal kommt. Aber dabei verliere ich Zeit. Jeder Kontakt mit dem Lehrer oder Trainer ist nur über die Augen möglich; ich muss also immer zum Beckenrand schauen. Deshalb muss der Lehrer mir gleich zu Beginn der Schwimmstunde alle Informationen geben.

Noch besser wäre es, wenn er mir z. B. eine Schwimmtechnik bereits im Klassenzimmer erklären würde, mit Bildern oder sogar mit einem Film mit Untertiteln. Den könnte ich mir dann mehrmals ansehen, um die Technik gut zu verstehen.

---

21 Laura Enders-Brenner, 22 Jahre alt, ist seit Geburt resthörig. Sie studiert an der Hochschule Weihenstephan-Triesdorf Forstingenieurwesen. Seit der Grundschulzeit hat sie Fußball in einer hörenden Mannschaft, später auch in einer Gehörlosen-Mannschaft gespielt. Derzeit spielt sie Basketball in einer Gehörlosen-Mannschaft in München, treibt aber auch viele andere Sportarten wie Schwimmen, Laufen oder Schießen.

4. Bausteine eines inklusiven Sportunterrichts

Bei Spielen im Wasser fühle ich mich oft verloren. Vieles funktioniert zwar über Beobachten und Nachmachen, aber die Regeln sind nicht immer so leicht verständlich. Auch hier müsste man die Spiele vorher genau erklären. Nach dem Schwimmen muss ich etwa eine Stunde warten, bis meine Ohren trocken sind; erst dann kann ich wieder die Hörgeräte tragen, andernfalls bekommt man leicht eine Mittelohrentzündung.

Kleine Spiele und Sportspiele
Erfahrungen von Nils Enders-Brenner[22] in der Grundschulzeit

Beim Sportunterricht waren die Mannschaftssportarten immer ein besonderes Erlebnis, weil da die Kommunikation zwischen den Mitschülern anders als im Klassenzimmer durch das Spielen besonders gut klappt. Jedoch gibt es einige Schwierigkeiten, wenn der Lehrer seltenere Sportarten einführt. Fußball ist einfach, aber bei komplizierteren Mannschaftsspielen musste die Lehrkraft mir immer besonders genau erklären, in welche Richtung ich laufen sollte, zu welchem Mitspieler ich passen soll, ob ich den Ball prellen darf oder nicht. Es gibt unendlich viele Möglichkeiten und es kann viel falsch gemacht werden. Am besten lässt man in einem Team erst einmal ein paar hörende Spieler die Bewegungsverläufe vormachen, damit ich sie beobachten und nachmachen kann. Ansonsten muss es mir die Lehrkraft oder der Trainer an der Taktiktafel mit klaren Worten erklären.

Bei Wettkämpfen muss der Schiedsrichter informiert sein, dass sich in einem Team ein Gehörloser befindet, der nicht sofort auf den Schiedsrichterpfiff reagiert. Es ist mir schon mal passiert, dass ich den Schiedsrichterpfiff mit dem Schuhquietschen verwechselt habe, deshalb schaue ich öfters den Schiedsrichter und den Lehrer oder Trainer an, ob diese irgendwelche Anweisungen gegeben haben oder nicht. Heute trage ich bei den Mannschaftssportarten keine Hörgeräte mehr, vor allem aus Sicherheitsgründen, aber auch, damit ich mich besser auf das Spiel konzentrieren kann.

---

22 Nils Enders-Brenner, 24, ist seit Geburt resthörig. Er studiert derzeit „Industrial Design" (Master) an der TU München, zuvor hat er seinen Bachelor-Abschluss „Kunst und Design" an der Freien Universität Bozen absolviert. Seit vielen Jahren spielt er in der deutschen Gehörlosen-Nationalmannschaft Handball; er hat gleichzeitig auch in verschiedenen hörenden Handballmannschaften gespielt. Er betreibt viele andere Sportarten wie Schwimmen oder Basketball.

4. Bausteine eines inklusiven Sportunterrichts

Diese Erfahrungsberichte von stark hörbehinderten Menschen zeigen, dass es keine Generalregel für „Inklusion im Sportunterricht" gibt, sondern dass es auf eine Fülle von Details ankommt, die der Lehrkraft präzise Kenntnisse der Situation und einigen individuell zu bestimmenden Mehraufwand abverlangen.

Eine alte und wichtige Regel gibt es dennoch: Man soll nicht über die Behinderten reden, sondern mit ihnen. Sie müssen selbst zu Wort kommen – nicht nur im Unterricht, sondern auch in der didaktischen Diskussion.

4.4 Spiel und Spaß in der inklusiven Spielleichtathletik: komparative Spiele gruppenspezifisch entwickeln
(von Arne Schumann[23])

Laufen, Springen und Werfen als Grundformen des Bewegens gehören zu den elementaren Formen der kindlichen Bewegungswelt. Ob Hindernis- oder Wettrennen, Sprünge in allen Variationen oder Geschicklichkeits-, Weit- oder Zielwürfe: Die Erlebnis- und Erfahrungsmöglichkeiten scheinen unendlich und jederzeit greifbar.

Der vorliegende Beitrag zeigt, wie das Erlebnis- und Erfahrungspotential der leichtathletischen Bewegungsformen in inklusiven Settings gewinnbringend genutzt werden kann und die kindliche Motivation, der Spaß, erhalten bleibt. Der besondere Fokus liegt auf der Initiation, Modifikation und Reflexion gruppenspezifisch gelungener Spielformen innerhalb der Spielleichtathletik mit dem Ziel, alle Lernenden mit Spaß in das Spielgeschehen einzubinden.

Einen Schwerpunkt bildet die inklusive Gestaltung der Bewegungs- und Spielarrangements von sehgeschädigten und nicht-sehgeschädigten Lernenden im Kindesalter. Zu jeder Spielidee werden praxiserprobte Vorschläge zur Teilhabe sehgeschädigter Lernender gegeben. Diese sind jedoch als erste Denkanstöße zu verstehen! Keinesfalls ersetzen sie das Gespräch mit den Betroffenen und die gruppenspezifische Entwicklung des Spiels (vgl. GIESE, i. d. B.).

---

23 Arne Schumann ist Studienreferendar mit der Fächerkombination Sport und Geschichte am Städtischen Gymnasium Bad Laasphe. Seit 2010 ist er Co-Sportlehrer an der Carl-Strehl-Schule der Dt. Blindenstudienanstalt. Neben einer Lehrtätigkeit an der Uni Marburg für den Bereich Laufen-Springen-Werfen betreut er die Leichtathleten der *Sehgeschädigten Sport Gemeinschaft* (SSG) und gehört zum Trainerstab der Blindenfußballer von *SF BG Blista Marburg*. Zu den Schwerpunkten seiner praktischen Arbeit zählt die Talentförderung im Bereich Sport mit sehgeschädigten und blinden Kindern und Jugendlichen.

4. Bausteine eines inklusiven Sportunterrichts

Leichtathletik und Inklusion – ein schwieriges Verhältnis?
Der inklusive Gedanke und die Leichtathletik scheinen sich per se auszuschließen. Während einerseits die Teilhabe aller Sporttreibenden als Ziel gilt, setzt andererseits die Selektion der Leistungsstärksten mit dem Ziel der Ermittlung der Besten diametrale Wertmaßstäbe.

Wird Leichtathletik so betrieben, dass nur der Vergleich von Leistungen zählt, und dabei durchaus auch die Leistungen der Spitzensportler herangezogen werden, so kommen Lernende schnell zu dem Schluss, dass sie es *eben einfach nicht können* und Anstrengungen sich dementsprechend nicht lohnen (GIESE & SCHUMANN 2011, S. 22).

Dieses zentrale Problemfeld kann aufgebrochen werden, wenn man sich allein an der eigenen Leistung orientiert. Aus dem leichtathletischen Motto *Höher, schneller, weiter* wird dann das Motto *Höher, schneller und weiter, als ich es jemals zuvor geschafft habe* (MÖSSING 2016, S. 81f.).

In der Kinderleichtathletik bietet es sich jedoch an, die individuelle Leistung in Partner-, Gruppen- und Mannschaftsspielformen aufgehen zu lassen und über das kindliche Spiel einen Zugang zum Laufen, Springen und Werfen zu schaffen (KUHLMANN & KURZ 2013, S. 72).

Spiele entdecken – gestalten – mit Spaß spielen
Um alle Lernenden mit Spaß an den Spielformen beteiligen zu können, braucht es eine Spielanpassung, welche sicherstellt, dass alle Beteiligten mit ihrer Rolle im Spiel zufrieden sind. Die Spiele müssen deshalb in der Gruppe stets verhandelt werden. Die gruppenspezifische Optimierung der Spielformen erfolgt nach folgendem Schema:

„Vermittlung der Grundidee des Spiels – Anpassung durch Regeländerung etc. – Durchführung des modifizierten Spiels – Auswertung – Überarbeitung" (SCHOO 2015, S. 128)

Folgt der Aufbau des Spiels ritualisiert diesem Schema und sind die Lernenden an die Veränderung bzw. Verbesserung von Spielen gewöhnt, so werden sie bereits bei der Vorstellung der Spielidee bzw. beim Spielen selbst Modifikationsmöglichkeiten erkennen und gewinnbringend einbringen. Als Prüfstein für gelungene Spiele dienen folgende Fragen:

- *„Kann jeder Schüler aktiv mitspielen?*
- *Sind die Sonderregeln sinnvoll?*
- *Ist jeder Teilnehmer mit seinen Möglichkeiten/Aufgaben zufrieden?*

4. Bausteine eines inklusiven Sportunterrichts

- *Wie kann das Spiel verändert werden, damit jeder noch besser mitspielen kann?"* (SCHOO 2015, S. 128)

Aus den zahlreichen Modellen zur Veränderung von Spielen soll in der Folge auf das Modell von SCHOO (2013) verwiesen werden, welches Modifikationsmöglichkeiten ausführlich darstellt (SCHOO 2013, S. 99 ff.). Nach Schoo bestehen die Anpassungsmöglichkeiten für die Spiele in den Bereichen:
- Aufgabenstellung,
- Regeln,
- Vermittlungsstil,
- Raum,
- Teilnehmer,
- Material/Ausrüstung.

Im Folgenden werden nun die Spielideen für kleine Partner-, Gruppen- und Mannschaftsspiele im Bereich des Laufens, Springens und Werfens skizziert. Zunächst wird stets die Spielidee erklärt, bevor praxiserprobte Variationsmöglichkeiten erläutert werden.

Im gemeinsamen Sporttreiben von sehgeschädigten und nicht-sehgeschädigten Lernenden ist darauf zu achten, dass die Halle frei von jeglichen Hindernissen ist und Tore zu Geräteräumen, Türen etc. geschlossen sind. Den sehgeschädigten bzw. blinden Lernenden muss die Möglichkeit gegeben werden, sich vor Beginn des Spiels in aller Ruhe den Raum zu erschließen, indem dieser beispielsweise unter Begleitung abgelaufen wird.

Lauf- und Sprungspiele

Lauf- und Sprungspiele stellen die einfachste Form von Partner-, Gruppen- und Mannschaftsspielen dar. Das Erlebnis- und Erfahrungspotential kann ohne viel Aufwand, auch am Stundenanfang bzw. -ende, erschlossen werden. Einige der vorgestellten Spiele machen es erforderlich, dass sehgeschädigte Lernende von sehenden Lernenden begleitet werden. Die Begleitung kann erfolgen:
- durch Handhalten,
- über eine Verbindung mit einem kurzen Sprungseil (beide schnüren sich das Seil um das Handgelenk) oder
- durch den Einsatz von Gymnastikkreifen, Gymnastikstäben etc.

Weitere Möglichkeiten und Ausführungen zu Aspekten der Begleitung siehe THIELE (2010, S. 117f.). Eine enge Begleitung gibt den sehgeschädigten Lernenden meist mehr Sicherheit und wird, vor allem in unübersichtlichen Spielsituationen, oftmals bevorzugt. Jedoch schränkt eine zu enge Begleitung zugleich die Autonomie der sehgeschädigten Lernenden ein. Auch hier gilt: Die optimale Form der Begleitung muss mit allen Beteiligten ausgehandelt werden!

Staffelspiele allgemein

Staffeln in jeder erdenklichen Form (Umkehrstaffeln, Rundlaufstaffeln etc.) brauchen keinen großen organisatorischen Aufwand. Die Bandbreite an Staffelformen ist zu groß, als dass ihr dieser Rahmen gerecht werden könnte (für ausführliche Informationen zu Staffeln siehe DÖBLER & DÖBLER 1989, S. 126 ff.). Letztlich muss sich die Auswahl der Staffel an der motorischen und kognitiven Lernausgangslage der Lernenden und den vorhandenen Räumlichkeiten orientieren.

Einfache Veränderungsmöglichkeiten bestehen in der Variation der Fortbewegungsarten (u. a. Krebsgang, Vierfüßlerlauf, Einbeinsprünge etc.), dem Transport verschiedener Materialien (Leibchen, Bälle, Kisten etc.), der Anzahl der Laufenden und der Vergabe verschiedener Zusatzaufgaben für Lernende mit dem Ziel der Differenzierung.

In Lerngruppen mit sehgeschädigten Lernenden hat es sich als zielführend erwiesen, die Staffelwettläufe in Form von Pendelstaffeln zu organisieren. Auf diese Weise haben die sehgeschädigten Laufenden stets einen akustischen Orientierungspunkt zu anderen Mitgliedern ihrer Gruppe und können, insofern sie es wünschen, eigenständig ohne Begleitung laufen. Die Lerngruppe ist in diesem Fall darauf hinzuweisen, dass der Lautstärkepegel nicht zu hoch sein darf, da eine problemlose Orientierung zum Laufziel ansonsten nicht gewährleistet werden kann.

Nummernwettlauf

Beim Nummernwettlauf werden zunächst gleichgroße Mannschaften gebildet, die aus fünf bis acht Lernenden bestehen. Die Mannschaften stellen sich hintereinander in einer Reihe auf und die Nummern werden fortlaufend von vorn nach hinten vergeben. Ruft die Spielleitung nun eine Nummer, so hat die entsprechende Person die Aufgabe, im Uhrzeigersinn um die erste Person der Reihe herumzulaufen, dann die letzte Person der Reihe zu umlaufen und

4. Bausteine eines inklusiven Sportunterrichts

anschließend wieder auf die ursprüngliche Position zurückzukehren. Die Mannschaften laufen dabei um die Wette; für die schnellsten Mannschaften können Punkte vergeben werden.

Der Nummernwettlauf kann variieren, z. B. durch die Vorgabe der verschiedenen Fortbewegungsarten oder der Geräte, die zu transportieren sind. Ein weiteres spannungsförderndes Moment stellen unterschiedliche Abstände zwischen den Positionen der Mannschaften dar. Je schneller die Lernenden einer Mannschaft sind, umso größer können die Abstände gewählt werden.

In Gruppen mit sehgeschädigten Lernenden sollten die Abstände zwischen den Spielenden nicht zu groß sein, um eine lückenlose Orientierung zur Mannschaft zu gewährleisten (vgl. THIELE 2010, S. 123).

Schatz-, Transport- und Übergabestaffeln

Bei den Schatz-, Transport- und Übergabestaffeln haben die Lernenden die Aufgabe, beim Laufen ein bestimmtes Material zu transportieren. Dafür können alle Gegenstände einer üblichen Sportstättenausstattung genutzt werden: Bälle, Leibchen, Stangen, Hütchen etc.

Während bei einer Schatzstaffel die Materialien von einem bestimmten Punkt geholt werden, haben die Lernenden bei einer Transportstaffel die Aufgabe, das Material zu einem Ort zu bringen und dort abzulegen. In einer Übergabestaffel wird das Material wie ein Staffelstab genutzt und von Läufer zu Läufer übergeben.

Modifikationsmöglichkeiten für die Staffeln bestehen in der Auswahl des Materials, in der Veränderung der Fortbewegungsarten und der Transportmethode (Material darf nicht mit den Händen, Füßen o. ä. berührt werden).

Im Sporttreiben von sehgeschädigten und nicht-sehgeschädigten Lernenden haben sich insbesondere paarweise Übergabestaffeln bewährt, bei denen die Lernenden zu zweit das Material transportieren müssen und dann dem nächsten Pärchen übergeben.

Pferdekutsche

In dieser Spielform, die vor allem für die Halle geeignet ist, bilden jeweils zwei Lernende ein Gespann aus Pferd und Kutscher. Sie sind durch ein einfaches Sprungseil verbunden, wobei der Kutscher auf einer Teppichfliese oder auf einem alten Bettlaken sitzt und über den Hallenboden gezogen wird. Der Kutscher kann mithilfe des Sprungseils das Pferd lenken; das Pferd wiederum achtet darauf, dass es zu keinen Kollisionen kommt. Die Gespanne werden nach einem ersten kleinen „Ausritt", zur Gewöhnung an das neue Gefüge, in Gespann-Staffeln zusammengefasst. Es können nun verschiedene Staffelformen mit den Gespannen durchgeführt werden: Gespann-Wettläufe, Gespann-Schatz- oder Transportläufe etc.

In der Regel gibt es in Gruppen mit sehgeschädigten Lernenden keine Sicherheitsrisiken in dieser Spielform, weil sowohl das Pferd, als auch der Kutscher für die unfallfreie Fahrt zuständig sind. In äußerst aktiven Gruppen sollte jedoch darauf hingewiesen werden, dass insbesondere bei Gespann-Fahrten auf Sicherheit zu achten ist.

Rücken an Rücken

Bei dem Spiel handelt es sich um ein klassisches Fangspiel. Die Lernenden sitzen auf Höhe der Mittellinie Rücken an Rücken. Auf ein verabredetes Signal hin läuft eine Seite (die Hälfte der Lernenden) los und die Schüler der nicht genannten Seite versuchen, ihren jeweiligen Weglaufenden zu fangen. Hat ein Fänger seinen Wegläufer bis zu einer bestimmten Markierung nicht gefangen, so erhält der Wegläufer einen Punkt. Auch in diesem Spiel können die Fortbewegungsarten variiert werden, um einen besonderen Reiz zu setzen.

Sehgeschädigten Lernenden ist es ohne Probleme möglich, an dem Spiel teilzunehmen. Hierfür sollte der zu fangende Laufpartner jedoch akustisch hervorgehoben werden, indem er beispielsweise ein Schellenband trägt.

Kettenfangen

Kettenfangen ist ein Laufspiel, bei dem sich die Kette immer weiter durch das Abschlagen von umherlaufenden Lernenden verlängert. Es kann in zwei Varianten gespielt werden: Bei der ersten Variante teilt sich die Kette bei einer bestimmten Länge (z. B. ab acht Lernenden); bei der zweiten Variante verlängert sich die Kette immer weiter, bis alle Lernenden gefangen sind.

Sehgeschädigte Lernende können mit Begleitläufer ohne sonstige Modifikationen teilhaben. Wurden sie abgeschlagen, so ist darauf zu achten, dass sie nicht am äußeren Ende in die Kette aufgenommen werden, weil sonst Unfallgefahr besteht und der Spielerfolg unnötig (und für den sehgeschädigten Lernenden deprimierend) gefährdet wird.

4. Bausteine eines inklusiven Sportunterrichts

Mattenrutschen

Sich mit Tempo auf eine Weichbodenmatte stürzen, die Matte ins Rutschen bringen und dann einem Ziel entgegensausen: Das ist die Grundidee des Mattenrutschens. Die Lernenden werden hierfür in Kleingruppen bis maximal fünf Personen eingeteilt. Jede Kleingruppe erhält eine Matte, mit der es zu einem festgelegten Ziel zu rutschen gilt. Nach ersten wertungslosen Erprobungsversuchen kann das Mattenrutschen auch als Wettkampf durchgeführt werden.

Variationsmöglichkeiten bestehen einerseits in der Anzahl der Lernenden pro Kleingruppe (je weniger Spieler, desto öfter muss angelaufen werden; je mehr Spieler, desto weiter rutscht die Matte und umso mehr Kommunikation wird unter den Spielern erforderlich) und andererseits in der Art der Fortbewegung, wie die Matte erreicht werden soll.

In Gruppen mit sehgeschädigten Lernenden muss der Anlauf und der Sprung auf die Matte meist anders organisiert werden, da ansonsten die Gefahr besteht, dass ein verzögerter Absprung auf die vermeintliche Matte erfolgt, die mittlerweile aber durch Mitglieder der Kleingruppe nach vorn bewegt wurde und der Sprung direkt auf dem Boden landet. Besser ist eine Regelveränderung, die das Drehen bzw. Rollen der Matte und einen direkten Sprung darauf ohne Anlauf vorsieht.

Lauf- und Wurfspiele allgemein

Lauf- und Wurfspiele erfreuen sich, vor allem in jüngeren Lerngruppen, stets großer Beliebtheit. Die hohe Spieldynamik mit ständig wechselnden Spielsituationen in Kombination mit dem (Ab-)Wurferlebnis verleihen den Lauf- und Wurfspielen den besonderen Reiz. Diese Kombination stellt sich für sehgeschädigte Lernende jedoch oft als chaotisch und frustrierend heraus. Einerseits geht durch die wechselnden Spielsituationen die räumliche Ordnung (und damit die Orientierung) für die Sehgeschädigten verloren und andererseits haben sie oft keine Möglichkeit, das Spielgerät zu erlangen, geschweige denn jemanden abzuwerfen. Für sie verbleibt daher meist lediglich die Rolle des einfachen, hilflosen Ziels. Die folgenden Spielformen eignen sich aufgrund der hohen räumlichen Ordnung und der überschaubaren Spielsituationen besonders für das Sporttreiben in Gruppen mit sehgeschädigten Lernenden.

4. Bausteine eines inklusiven Sportunterrichts

Brennball

Der Klassiker unter den kombinierten Lauf- und Wurfspielen, das Brennball-Spiel, wird als bekannt vorausgesetzt, weshalb die Regeln nicht weiter erläutert werden.

Um das Spiel an Gruppen anzupassen, bieten sich zahlreiche Möglichkeiten an (in aller Ausführlichkeit siehe TIEMANN 2015, S. 118 ff.). Insbesondere die Größe des Spielfeldes, die Anzahl und Position der Freimale und die Variation des Wurfgerätes sind naheliegende Stellschrauben.

Das Spiel kann um Spannungsmomente bereichert werden, indem zwischen den Freimalen verschiedene, dem Bewegungsniveau der Lernenden angepasste Hindernisse aufgestellt werden. Bewährt haben sich Hütchen, die es im Slalom zu umlaufen gilt, Bänke, über die in Bauchlage gerutscht wird, und kleine Kästen, die übersprungen werden etc.

Im gemeinsamen Sporttreiben von sehgeschädigten und nicht-sehgeschädigten Lernenden ist es aufgrund des hohen Bewegungstempos ratsam, das Spielfeld noch weiter anzupassen (vgl. GOTTSCHALK & SCHMIDT 2010, S. 134 ff.). Hinter den Freimalen werden dann Weichbodenmatten aufgestellt, die als Aufprallschutz dienen. Weiterhin sollten die Freimale möglichst nicht durch Turnmatten, sondern durch flache, taktil erfassbare Gymnastikmatten ersetzt werden, um der Stolpergefahr vorzubeugen.

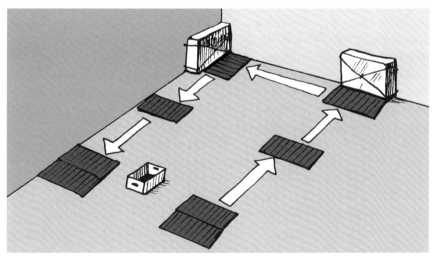

Modifizierter Aufbau des Brennballfeldes (aus GOTTSCHALK & SCHMIDT 2010, S.135)

4. Bausteine eines inklusiven Sportunterrichts

Ball unter der Schnur

Bei diesem Spiel handelt es sich um ein Mannschafts-Ballspiel. Die Mannschaften haben die Aufgabe, ein oder mehrere Wurfgeräte unter einer in der Hallenmitte gespannten Schnur durchzuwerfen und die gegenüberliegende Hallenwand zu treffen. Die gegnerische Mannschaft versucht, dies zu verhindern, und hat ihrerseits die Aufgabe, im direkten Gegenzug das Wurfgerät an die gegenüberliegende Hallenwand zu befördern. Dafür wird die Lerngruppe in Mannschaften mit maximal vier Lernende eingeteilt. In einer vorher festgelegten Zeit versuchen die Mannschaften, so viele Punkte wie möglich zu sammeln. In der Anzahl der Lernenden pro Feld, bei den Wurfgeräten (Art/Anzahl) und dem Wurfziel (nur die Mitte der Hallenwand) bestehen Variationsmöglichkeiten.

Sehgeschädigte können am Spiel teilhaben, wenn mit hörbaren Bällen (Pezziball mit Reiskorn-Füllung o. ä.) gespielt wird. Mit Hinweis darauf, dass es in der Halle möglichst ruhig sein soll, können sie ohne Begleitung spielen. Sind sehgeschädigte Lernende am Spiel beteiligt, darf die Anzahl der Spieler pro Mannschaft nicht zu groß sein, da ansonsten die Unfallgefahr steigt.

Leichtathletische Biathlon-Staffel

Die aus dem Wintersport bekannte Disziplin kann ohne Probleme in die Sporthalle bzw. auf den Sportplatz übertragen werden. Die Lernenden durchlaufen eine festgelegte Strecke und werfen oder stoßen an einer Station entweder auf ein Ziel (als Geschicklichkeitswurf) oder möglichst weit. Wurde das Ziel getroffen oder eine festgelegte Distanz mit dem Wurfgerät überwunden, so wechseln die Kinder zur nächsten Station. Wurde das Ziel jedoch verfehlt oder eine festgelegte Distanz nicht erreicht, so laufen sie eine entsprechende Anzahl an Strafrunden. Der Biathlon kann als Staffel organisiert werden, um die Einzelleistungen in der Mannschaftsleistung aufgehen zu lassen.

Die Spielform bietet unterschiedliche Variationsmöglichkeiten an. Die Lernenden können z. B. kürzere oder lange Laufstrecken laufen, mit verschiedenen Wurfgeräten oder mit dem schwächeren Arm werfen oder bei der Bepunktung der Würfe unterschiedliche Skalen nutzen.

In Lerngruppen mit sehgeschädigten Lernenden sollte die Laufstrecke paarweise absolviert werden, um die Unfallgefahr zu minimieren. Die Gestaltung der Wurfstationen ermöglicht eine taktile Orientierung zur Wurfrichtung: Entweder werden Bänke so hingestellt, dass sich ein taktil erfassbarer Korridor ergibt,

4. Bausteine eines inklusiven Sportunterrichts

oder es werden flache Gymnastikmatten so ausgelegt, dass die sehgeschädigten Lernenden der Mattenbahn folgend werfen. Da Würfe auf ein Ziel ohne akustische Hervorhebung des Ziels kaum möglich sind, weil die räumliche Orientierung fehlt, empfiehlt es sich, die Lernenden in die Weite werfen zu lassen.

Fazit

Mit ein bisschen Mut und Kreativität ist es möglich, fast jedes Spiel mit jeder Lerngruppe so zu entwickeln, dass es für alle Lernenden zum Erfolg führen kann. Wichtig ist dabei, dass die Gruppe und nicht die Lehrkraft das Spiel entwickelt. Nur so kann sichergestellt werden, dass alle Eventualitäten und Interessen berücksichtigt werden und das Spiel zu einem Erfolg wird.

Literatur

Döbler, E. & Döbler, H. (1989): *Kleine Spiele. Ein Handbuch für Kindergarten, Schule und Sportgemeinschaften*. 17. Auflage. Berlin: Volk und Wissen.

Giese, M. & Schumann, A. (2011): Hindernisse überlaufen. *Sportpädagogik*, 35 (6), S. 22–26.

Gottschalk, F. & Schmidt, A. (2010): (Ball-)Spielen mit Blinden und Sehbehinderten. In M. Giese (Hrsg.), *Sport- und Bewegungsunterricht mit Blinden und Sehbehinderten. Band 2: Praktische Handreichungen für den Unterricht*. Aachen: Meyer & Meyer.

Kuhlmann, D. & Kurz, D. (2013): Leisten und Leistungen – verbessern, verstehen, meistern. In P. Neumann & E. Balz (Hrsg.), *Sportdidaktik. Pragmatische Fachdidaktik für die Sekundarstufe I und II*. Berlin: Cornelsen.

Mössing, T. (2016): „Laufen, Springen, Werfen" für alle – Leichtathletik im inklusiven Sportunterricht. In S. Ruin et al. (Hrsg.), *Inklusion im Schulsport. Anregungen und Reflexionen*. Weinheim und Basel: Beltz.

Schoo, M. (2015): Sportspiele inklusiv – dargestellt am Beispiel des Basketballspiels. In M. Giese & L. Weigelt (Hrsg.), *Inklusiver Sportunterricht in Theorie und Praxis*. Aachen: Meyer & Meyer.

Schoo, M. (2013): Inklusiver Sportunterricht. *Zeitschrift für Heilpädagogik, 64* (3), S. 99–105.

Thiele, M. (2010): Kleine Spiele im gemeinsamen Sportunterricht. In M. Giese (Hrsg.), *Sport- und Bewegungsunterricht mit Blinden und Sehbehinderten. Band 2: Praktische Handreichungen für den Unterricht*. Aachen: Meyer & Meyer.

Tiemann, H. (2015): Einen „Klassiker" aus neuer Perspektive entdecken – Brennball, ein Spiel für alle. In M. Giese & L. Weigelt (Hrsg.), *Inklusiver Sportunterricht in Theorie und Praxis*. Aachen: Meyer & Meyer.

4. Bausteine eines inklusiven Sportunterrichts

4.5 Spiele und Übungen mit Adaptionsmöglichkeiten
(von Maria Eife[24])

Die hier aufgeführten **Übungen sind so gewählt, dass sie mit heterogenen Gruppen** aller Klassen und Altersstufen der Grundschule gut durchführbar sind. Sie behandeln das Thema „Vertrauensspiele und -übungen" und ab Seite 110 das Thema „Superball".

Die Stundenentwürfe geben Ihnen einen Überblick. Nach den Erläuterungen der jeweiligen Beispiele werden zudem verschiedene allgemeine Modifikationen sowie spezielle Möglichkeiten in den Bereichen *Körperliche* und *Geistige Einschränkung* aufgezeigt. Es folgen eine kindgerechte Beschreibung der Übungsaufgabe, Tipps für das Verhalten der Lehrkraft und der Lehrplanbezug.

Ziel ist es, Ihnen als Sportlehrkraft klare praxistaugliche Empfehlungen für Ihren inklusiven Sportunterricht zu geben, bei dem alle Kinder mitmachen können. Denn jede Einbindung in eine Übung ist besser, als ein Kind auszuschließen. Die große Kunst ist es, jedes Kind dort abzuholen, wo es sich befindet, also jedem Kind Herausforderungen zu bieten und auch Grenzen aufzuzeigen.

Stundenentwurf Vertrauensspiele und -übungen
Zeit insgesamt: 45 Minuten

Zeit	Did.-meth. Phase	Inhalt/Ziel	Methodischer Tipp	Organisation/ Bemerkung	Geräte
5 min	Begrüßung	Organisation	auf Vertrauen eingehen	„lockerer Haufen": Kinder sitzen oder stehen um die Lehrkraft in zuhörbarer Entfernung.	

---

24 Maria Eife studierte Sportwissenschaft (Diplom) in Jena und ist seit 10 Jahren im inklusiven Sport tätig. Seit 2012 arbeitet sie im Hochschulsport der Hochschule Fulda und ist unter anderem für inklusive Sportangebote zuständig. Sie gestaltet aktiv die Umsetzung von Inklusion im Sport als Referentin, Lehrbeauftragte, sportliche Leiterin und Autorin in verschiedenen Hochschulen, Vereinen und Verbänden.

4. Bausteine eines inklusiven Sportunterrichts

Zeit	Did.-meth. Phase	Inhalt/Ziel	Methodischer Tipp	Organisation/ Bemerkung	Geräte
7 min	Erwärmung Begrüßungslauf	Alle Kinder bewegen sich in einem vorgegebenen Raum und begrüßen sich durch Handgeben oder Abklatschen.	die Möglichkeiten „Handgeben" und „Abklatschen" sowie den vorgegebenen Raum vormachen	durch die Halle bewegend	eventuell Musik
	Prominentenlauf	Partner A: Prominenter – Partner B: Fan			
13 min	Hauptteil 1: Du bist mein Spiegelbild.	Partner A: Original – Partner B: Spiegelbild	Lehrkraft sagt Partnerwechsel an.	Paare gegenüberstehend	eventuell Musik
	Geschwindigkeitsexperiment	verschiedene Fortbewegungsgeschwindigkeiten vorgeben	Geschwindigkeitsstufen in der Gruppe durchführen/ ausführen	Die Lauf-/Rollwege sollten sich nicht kreuzen.	eventuell Musik, eventuell Pylonen
15 min	Hauptteil 2 Blindenführer	Partner A: Blindenführer – Partner B schließt die Augen oder erhält eine Augenklappe.	Paare bilden Partner A führt Partner B durch ein vorgegebenes Hallenteil.	durch die Halle bewegend regelmäßiger Wechsel der Paare	eventuell Augenbinden, eventuell Materialien für Hindernisse
	Bewegungsmuffel	Partner A: Bewegungsmuffel – Partner B drückt leicht gegen verschiedene Stellen an dem Körper von A.	Übungen mit einem Kind vormachen		
	Roboter- – Mechaniker	Partner A: Roboter – Partner B: Mechaniker			Tennisbälle
5 min	Ausklang Menschenballon	Partner A: Ballon – Partner B pustet Ballon auf.	Kreisform, Lehrkraft macht Übung mit einem Kind vor.		Matten

4. Bausteine eines inklusiven Sportunterrichts

Prominentenlauf

Die Schüler und Schülerinnen bilden Paare und laufen/rollen auf Kommando durch die Turnhalle. Person A ist „prominent", während Person B die Rolle des „Fans" einnimmt. Person B erhält die Aufgabe, immer an der Seite von A zu laufen/rollen.

- *Modifikationen:* B bleibt an der linken oder rechten Schulter von A, rückwärts laufen/rollen, seitwärts laufen, laufen im Hopserlauf, beide im Rollstuhl, auf dem Rollbrett, in 3er-/4er-/5er-Gruppen durchführen (rechte Seite, linke Seite, hinter dem Prominenten, vor dem Prominenten).
- *Geistige Einschränkung:* Durch das Tandemprinzip ist eine Unterstützung/ Korrektur durch den Partner/die Gruppe gegeben; den Tandempartner regelmäßig wechseln.
- *Körperliche Einschränkung:* Die Übung kann mit allen Fortbewegungsmitteln durchgeführt werden. Bei Teilnehmenden mit Elektrorollstuhl sollten die Richtungsänderungen weitläufiger (große Kurven etc.) erfolgen.
- *Übungsaufgabe an die Kinder und Durchführung:* „Einer von euch beiden ist eine prominente Person. Der andere hat die Aufgabe, immer beim Prominenten zu bleiben und diesem nachzulaufen/rollen. Egal, wohin der Prominente geht/rollt, ihr bleibt immer an seiner rechten Seite. Wir beginnen mit langsamen Gehen/Rollen." Die Lehrkraft steht in der Raummitte und korrigiert gegebenenfalls die Fortbewegungsgeschwindigkeit. Die Aufgaben- und/oder Partnerwechsel sollten angesagt oder via Musikstopp angezeigt werden. Musikstopp mit Fernbedienung ist empfehlenswert.
- *Gerätebedarf:* ggf. Musik
- *Lehrplanbezug:*
  – den Körper wahrnehmen und Bewegungsfähigkeiten ausprägen
  – das Spielen entdecken und Spielräume nutzen
  – laufen, springen, werfen

Wie viele Finger berühren meinen Rücken?

Die Schüler und Schülerinnen sitzen paarweise hintereinander. Person A legt die Fingerspitzen einer Hand auf dem Rücken von Person B auf. Person B muss nun erfühlen, wie viele Finger es sind.

- *Modifikationen:* beide Hände nutzen
- *Übungsaufgabe an die Kinder und Durchführung:* „Geheime Zahlen werden von eurem Hintermann an euch weitergegeben. Passt genau auf und vergleicht,

ob die Zahlen übereinstimmen." Die Lehrkraft bewegt sich zwischen den verschiedenen Paaren, um sich einen Überblick über alle zu verschaffen, und sagt den Wechsel an.
- *Gerätebedarf:* Matten, ggf. Entspannungsmusik
- *Lehrplanbezug:* den Körper wahrnehmen und Bewegungsfähigkeiten ausprägen

Felsbrockentransport

Die Schüler und Schülerinnen liegen, stehen oder sitzen nebeneinander und sollen die „Felsbrocken" (Medizinbälle) vom Startpunkt (Reifen oder Hocker) auf einen Triebwagen (Reifen oder Hocker) transportieren. Danach wechseln sie die Positionen.
- *Modifikationen:* Jede Position imitiert ein bestimmtes Geräusch. Man kann verschiedenste Geräte nutzen. Über die Übungsausführungen lassen sich die zu kräftigenden Muskelgruppen steuern.
- *Übungsaufgabe an die Kinder und Durchführung:* „Wir befinden uns hier in einer Höhle. Immer mehr Felsen fallen von den Wänden und versperren die Bahnschienen. Wir müssen nun helfen, diese Felsen von Person zu Person zu geben und auf den/die Triebwagen der Eisenbahn zu legen, damit diese herausgefahren werden können. Die Höhle ist sehr verwinkelt, deswegen können nicht alle Personen stehen. Jede zweite Person muss im Sitzen arbeiten." Die Lehrkraft steht seitlich zur Gruppe und demonstriert die verschiedenen Ausführungen bei Bedarf im Spiegelbild.
- *Gerätebedarf:* Matten, Medizinbälle, Reifen (zwei oder mehr) oder Hocker (zwei oder mehr)
- *Lehrplanbezug:*
  – den Körper wahrnehmen und Bewegungsfähigkeiten ausprägen
  – das Spielen entdecken und Spielräume nutzen

Du bist mein Spiegelbild

Die Kinder stehen sich paarweise gegenüber. Person A ist das „Original", Person B ist das „Spiegelbild". Person A verändert die Körperpositionen und Person B spiegelt diese. Bei Dreiergruppen gibt es einen „Kontrolleur".
- *Modifikationen:* mit geschlossenen Augen Partner A abtasten und sich dann als Spiegelbild hinstellen, vorher durch die Halle laufen/rollen und auf Kommando eine Position einnehmen, auf bestimmte Körperteile beschränken,

4. Bausteine eines inklusiven Sportunterrichts

eine Person gibt für die gesamte Gruppe eine Position vor. Die Übung ist auch im Sitzen möglich.
- *Übungsaufgabe an die Kinder und Durchführung:* „Du und dein Partner sind Original und Spiegelbild. Die Position, die das Original vormacht, nimmt das Spiegelbild langsam ein. Achtet darauf, dass der Spiegel rechts und links vertauscht." Die Lehrkraft kann die Wechsel der Aufgaben durch Musikstopp mit einer Fernbedienung steuern. Eine ständige Bewegung der Lehrkraft im Raum ist nötig, um eventuelle Korrekturen bei allen Schülerinnen und Schülern vornehmen zu können.
- *Gerätebedarf:* ggf. Augenmasken, Musik, Spiegelbildkarten
- *Lehrplanbezug:* den Körper wahrnehmen und Bewegungsfähigkeiten ausprägen

Menschenballon

Person A liegt als „schlaffer Luftballon" in Seitenlage auf einer Matte. Partner B kniet sich dazu und „bläst" den Ballon sehr langsam (mit entsprechendem Geräusch und einer Pumpbewegung, z. B. des Beines) auf. Person A baut allmählich Körperspannung auf. Sobald der Körper ganz gestreckt ist, fällt der aufgeblasene Ballon auf den Rücken. Nun lässt Person B die Luft wieder ganz langsam aus dem Ballon heraus. Person A erschlafft und liegt am Ende locker auf der Matte.
- *Modifikationen:* vorher gegenseitige taktile Erfahrungen schaffen, vorher ausprobieren, wie sich harte und weiche Muskeln anfühlen, Übung ist in verschiedenen Positionen durchführbar (sitzen, Bauchlage, Rollstuhl …), Körperteile einzeln aufpusten, Körperteile nach Vorgabe des Partners oder nach Ziehen einer Karte aufpusten, Ballon platzen lassen, Ballon berührt Heftzwecke und die Luft entweicht an verschiedenen Stellen.
- *Übungsaufgabe an die Kinder und Durchführung:* „Wir bilden Paare oder Dreiergruppen. Eine Person ist der Ballon und die andere Person hat eine Luftpumpe. Der Ballon liegt schlaff in Seitenlage auf der Matte. Euer Partner kniet sich daneben oder nimmt als Verlängerung einen Stab und bläst euch langsam auf. Bitte das dazu gehörige Geräusch nicht vergessen. Die Ballons werden mit Luft gefüllt und strecken sich, indem ihr Körperspannung aufbaut. Sind die Ballons fertig aufgeblasen, so fallen sie in voller Körperspannung auf den Rücken. Der ‚Luftpumper' lässt die Luft wieder aus dem Ballon. Ist die Luft entwichen, liegt der Ballon wieder ganz schlaff auf der Matte." Die Lehr-

4. Bausteine eines inklusiven Sportunterrichts

kraft geht durch den Raum und testet, wie „hart" die Ballons sind. Sie kontrolliert, ob die Distanz zwischen den Matten reicht und ob verbotene Körperbereiche berührt werden.
- *Gerätebedarf:* Matten
- *Lehrplanbezug:* den Körper wahrnehmen und die Bewegungsfähigkeiten ausprägen

Geschwindigkeitsexperiment
Alle Kinder laufen/rollen in vorgegebenen Bahnen durch die Halle. Es werden verschiedene Geschwindigkeiten getestet (1 = langsam, 2 = mittel, 3 = schnell). Die Lehrkraft ruft laut die Zahlen, wodurch die Geschwindigkeiten wechseln.
- *Modifikationen:* Lehrkraft zeigt die Zahl mit hochgereckten Fingern an, Raum vergrößern oder verkleinern, Pausen einbauen, Anzahl der Runden oder Bahnen festlegen, paarweise mit Stab laufen/rollen lassen (Person A bestimmt die Geschwindigkeitsstufe, Person B schließt die Augen), zusätzliche Richtungsänderungen ansagen (z. B. rückwärts laufen), weitere Geschwindigkeitsstufen einführen, quer durch den Raum laufen lassen.
- *Übungsaufgabe an die Kinder und Durchführung:* „Eine große Autofirma lässt ihre Fahrzeuge testen. Es gibt drei verschiedene Geschwindigkeitsstufen, die ausgefahren werden sollen. Stufe 1 bedeutet langsames Fahren, Stufe 2 mittlere Geschwindigkeit, bei Stufe 3 fährt das Auto schnell." Die Lehrkraft steht am Startpunkt der Bahn. Die Lauf-/Rollwege sollten sich nicht kreuzen.
- *Lehrplanbezug:*
  – den Körper wahrnehmen und Bewegungsfähigkeiten ausprägen
  – das Spielen entdecken und Spielräume nutzen

Roboter und Mechaniker
Die Kinder tun sich paarweise zusammen. Person A ist der „Roboter". Person B („Mechaniker") steuert den „Roboter" mit einem Tennisball in der Hand, indem er den Tennisball an verschiedene Körperstellen von A tippt. Daraufhin muss A die Laufrichtung wechseln.
- *Modifikationen:* Roboter schließt die Augen, die Befehle werden erweitert, der Roboter soll sich bewusst ruckartig bewegen.
- *Geistige Einschränkung:* Tandemprinzip oder ein zweiter Roboter läuft nur eingehakt mit, Raum vergrößern.

4. Bausteine eines inklusiven Sportunterrichts

- *Körperliche Einschränkung:* Die Übung kann mit allen Fortbewegungsmitteln durchgeführt werden. Bei Teilnehmenden mit Elektrorollstuhl sollten die Richtungsänderungen weitläufiger erfolgen (große Kurven etc.).
- *Übungsaufgabe an die Kinder und Durchführung:* „Wir sind in einer Werkstatt und bewegen uns dort jeweils zu zweit. Eine Person ist ein Roboter und die andere Person sein Mechaniker. Der Roboter muss den Befehlen des Mechanikers gehorchen. Der Mechaniker erteilt seine Befehle mit einem Tennisball. Je nachdem, wohin er mit dem Tennisball tippt, muss der Roboter laufen. Es gibt diese Befehle:
  - Tennisball an den Hinterkopf tippen = Roboter läuft geradeaus los.
  - Tennisball an das Hohlkreuz tippen = Roboter stoppt.
  - Tennisball an rechte Schulter tippen = Roboter dreht sich nach rechts und läuft oder rollt weiter.
  - Tennisball an linke Schulter tippen = Roboter dreht sich nach links und läuft oder rollt weiter."

  Die Lehrkraft läuft während der Durchführung durch den Raum. Bei der Übungserklärung ist der „Stoppknopf" besonders zu betonen. Alle Richtungen werden mit einem Probanden vor der Gruppe vorgemacht. Außerdem sollten die Feldbegrenzungen kontrolliert werden.
- *Gerätebedarf:* ein Tennisball pro Person
- *Lehrplanbezug:*
  - das Spielen entdecken und Spielräume nutzen
  - Gestalten, Tanzen, Darstellen – Gymnastik/Tanz, Bewegungskünste

Wilde Tiere verscheuchen

Es liegen Gymnastikreifen in der Halle verteilt. Die Kinder drehen diese auf Kommando an. Bevor die Reifen aufhören zu drehen, müssen sie erneut gezwirbelt werden. Es wird eine Zeit vorgegeben oder das Spiel dauert solange, bis ein Reifen liegen bleibt. Mindestens zwei Gruppen einteilen, da das Spiel konditionell anspruchsvoll ist.

- *Modifikationen:* Raumgröße variieren, nach dem Andrehen der Reifen Zusatzaufgaben vergeben, Zonen einrichten, in welchen sich nur bestimmte Personen (mit Einschränkungen) aufhalten dürfen; bestimmte Reifen zuweisen (andere Farbe); Alternativaufgaben vergeben (Ball prellen, trommeln); paarweise arbeiten.

4. Bausteine eines inklusiven Sportunterrichts

- *Übungsaufgabe an die Kinder und Durchführung:* „Wir sind Forscher im Urwald. Um wilde Tiere zu vertreiben, müssen sich alle Reifen drehen, um ihnen Angst zu machen. Es darf also kein Reifen liegen bleiben". Die Lehrkraft steht am Spielrand und beobachtet die Reifen. Wichtig ist hier eine ständige Modifikation, damit alle Kinder eingebunden bleiben.
- *Gerätebedarf:* mehr Reifen als Kinder
- *Lehrplanbezug:*
  - den Körper wahrnehmen und Bewegungsfähigkeiten ausprägen
  - das Spielen entdecken und Spielräume nutzen
  - Laufen, Springen, Werfen

Geräuschlauf
Zu verschiedenen Geräuschen gibt die Lehrkraft jeweils Aufgaben vor.
- Geräusch 1: alle springen auf Turnbänke
- Geräusch 2: alle sprinten in eine Zone
- Geräusch 3: alle laufen im Entengang
- Geräusch 4: zu dritt zusammenfinden

- *Modifikationen:* mehr oder weniger Geräusche nutzen; Raumgröße variieren; Richtungshören: Die Kinder sitzen mit geschlossenen Augen im Kreis, die Lehrkraft bewegt sich im Raum und lässt ein Geräusch erklingen. Die Kinder zeigen in die Richtung, aus der das Geräusch kam.
- *Körperliche Einschränkung:* Aufgaben auswählen, die alle Kinder durchführen können.
- *Geistige Einschränkung:* Tandemprinzip (regelmäßige Wechsel einbauen) oder das Spiel paarweise durchführen.
- *Übungsaufgabe an die Kinder und Durchführung* (dabei Verknüpfung der Geräusche mit Geschichten oder Metaphern): „Wir bewegen uns alle in diesem Raum. Dieser Bereich (z. B. ein abgestecktes Viereck) stellt die Schule dar. Klingelt das Glöckchen, so lauft ihr alle schnell in die Schule. Quietscht die Ente, so lauft ihr alle im Entengang durch das Feld. Die Trommel zeigt: Ein Geist ist unterwegs! Rettet euch durch das Springen auf Bänke." Die Lehrkraft macht bei der Beschreibung alle Aufgaben deutlich vor. Bevor das Spiel beginnt, üben alle die Reaktionen auf die verschiedenen Geräusche. Die Lehrkraft bewegt sich ständig durch den gesamten Raum.

4. Bausteine eines inklusiven Sportunterrichts

- *Gerätebedarf:* verschiedene Geräuschquellen (Dosen mit Inhalten, Trommel, Glocke, Rassel, Quietschente ...)
- *Lehrplanbezug:*
  - den Körper wahrnehmen und Bewegungsfähigkeiten ausprägen
  - das Spielen entdecken und Spielräume nutzen
  - Laufen, Springen, Werfen

Innere Uhr

Die Kinder laufen/rollen eine vorgegebene Zeit lang (z. B. eine Minute) durch den Raum und müssen die Zeitdauer schätzen. Wenn sie der Meinung sind, die vorgegebene Zeit ist um, beenden sie die Bewegung.

- *Modifikationen:* andere Bewegungsaufgaben vorgeben; abgesteckte Felder umlaufen, einen Parcours durchlaufen; paarweise: Person A läuft, Person B schätzt, Zeitaufgaben an Alter der Kinder anpassen.
- *Übungsaufgabe an die Kinder und Durchführung:* „Heute laufen wir nach unserer inneren Uhr eine Minute lang durch die Halle. Ihr könnt versuchen, die Sekunden oder eure Schritte zu zählen." Die Lehrkraft steht am Spielfeldrand mit der Stoppuhr in der Hand. Kinder, die die Bewegung beenden, dürfen zur Lehrkraft gehen und auf die Uhr schauen oder nach der Zeit fragen. Dabei darf keine Reaktion gezeigt werden. Anschließend setzen sich die Kinder auf die Bank. Uhren in der Halle ab- oder zuhängen. Die Lehrkraft beendet die Übung einige Zeit nach der angestrebten Zielzeit. Später kann die Übung auch bis zur letzten Schätzung durchgeführt werden.
- *Gerätebedarf:* Stoppuhr, eventuell Gerätschaften für das Abstecken eines Feldes oder Parcours
- *Lehrplanbezug:* Laufen, Springen, Werfen

Klorollenorakel

Die Lehrkraft teilt den Raum in zwei Bereiche ein. In einem Bereich stehen oder liegen viele Papprollen auf dem Boden oder sind erhöht auf einer Langbank verteilt. In jeder Rolle befindet sich ein kleiner Zettel mit Bildchen, der eine Aufgabe anzeigt (siehe Kopiervorlage Seite 100). Die Anzahl der jeweiligen Bildchen und Rollen orientiert sich u.a. an der Zahl der vorhandenen Geräte. Die Kinder laufen vom Ausgangspunkt zu einer Klopapierrolle, heben sie hoch und führen die Aufgabe auf dem Bild an den jeweils dafür vorgesehenen

4. Bausteine eines inklusiven Sportunterrichts

Orten der Halle aus. Dann laufen sie zurück zum Ausgangspunkt. Aufgaben auf den Bildern sind:
- Turnen: Einbeinstand oder Kippen des Rollstuhls (10 Sekunden lang)
- Leichtathletik: zwei Runden um das Spielfeld laufen/rollen
- (Rollstuhl-)Basketball: 10 x auf Basketballkorb werfen
- Boxen: 10 x gegen einen Pezziball boxen

- *Modifikationen:* Bewegungsaufgaben variieren; die Übung so lange wiederholen, bis jeder alle Aufgabenstellungen bis zum Quartett gesammelt hat (sollen die Rollen je Kind eingesammelt werden, dann benötigt man je Kind vier verschiedene Rollen); Würfelorakel (Zahlen auf dem Würfel bedeuten bestimmte Bewegungsaufgaben); paarweise laufen.
- *Übungsaufgabe an die Kinder und Durchführung:* „Wir befragen heute das Orakel. Es zeigt uns unsere Bewegungsaufgabe. Es gibt vier verschiedene Möglichkeiten. Jeder darf pro Durchgang nur ein Orakel befragen." Die Lehrkraft gibt eine bestimmte Zeit vor.
- *Gerätebedarf:* Ballkorb, Pezzibälle, Klopapierrollen mit Bildchen, eventuell Würfel, Kopiervorlage auf Seite 100.
- *Lehrplanbezug:* Laufen, Springen, Werfen

Schatzkammer

Die Kinder verteilen zuerst viele Gegenstände in einem vorgegebenen Hallenfeld (ein Kind transportiert immer einen Gegenstand; jeden Gegenstand gibt es viele Male). Um die Gegenstände zu „reinigen", schwingt dann die Gruppe ein Schwungtuch über den verteilten Gegenständen auf und ab. Danach werden die einzelnen Gegenstände laufend zurückgeholt und in vorgegebene Felder oder Behältnisse geräumt.

- *Modifikationen:* Fortbewegungsart variieren, als Staffelspiel durchführen, Behälter für Gegenstände vorgeben, Zusatzaufgaben, Parcours durchlaufen.
- *Körperliche Einschränkung:* eine Zone einteilen, in der nur Kinder mit Handicap Gegenstände abholen dürfen. Diese Zone kann z. B. näher am Ausgangspunkt sein, um den Weg zu verkürzen.
- *Geistige Einschränkung:* Tandems bilden; Kindern die Gegenstände genau zeigen, die sie holen sollen; eigene Zonen einrichten; Fotos und Bildkarten zur Veranschaulichung verwenden.

Klorollenorakel

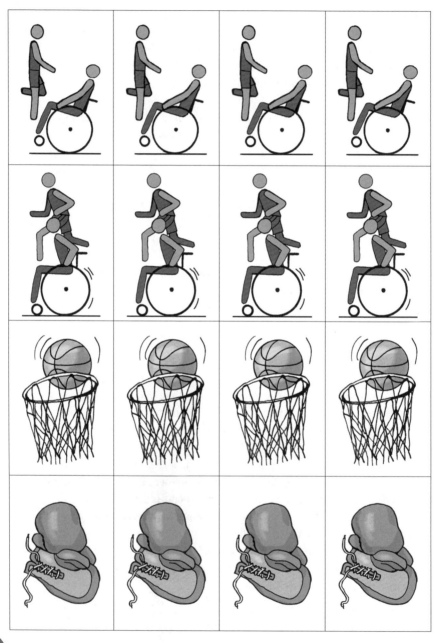

4. Bausteine eines inklusiven Sportunterrichts

- *Übungsaufgabe an die Kinder und Durchführung:* „Die Schatzkammer muss aufgeräumt und sortiert werden. Da die Schätze sehr kostbar sind, darf jeder von euch immer nur einen Schatz transportieren. Zuerst legen wir die Schätze in diesem Bereich ab. Um die Schätze von Staub zu befreien, schwingen wir mit dem Schwungtuch kräftig über die Schätze. Danach räumen wir die Schätze sorgfältig auf." Die Lehrkraft überwacht das Schatzräumen und macht das „Reinigen" der Schätze mit dem Schwungtuch selbst mit.
- *Gerätebedarf:* Schwungtuch, viele Schätze (ca. 200 oder mehr, Schätze können sein: Wäscheklammern, Bierdeckel, Flaschendeckel, Pappteller, Tennisbälle, Luftballons …)
- *Lehrplanbezug:* Laufen, Springen, Werfen

Stilles Springen

Es werden hintereinander sieben Hindernisse und sieben Reifen im Wechsel so aufgebaut, dass die Kinder beidbeinig über ein Hindernis in einen Reifen springen können.

- *Modifikationen:* je nach Leistungsstand Sprunghöhe erhöhen und verringern (Theraband, Bänke, Hocker), Rhythmus vorgeben (klatschen, pfeifen), Abstände der Reifen vom Hindernis verändern, Rollstuhlfahrer fahren als Äquivalent zum Zeitpunkt des Sprunges auf den Hinterrädern, E-Rollis drehen sich einmal um die eigene Achse.
- *Übungsaufgabe an die Kinder und Durchführung:* „Wir sind in eine Höhle geraten. Nun versuchen wir, die Höhle zu verlassen. Dazu müssen wir Hindernisse überwinden. Weil die Höhle bereits sehr brüchig und einsturzgefährdet ist, müsst ihr euch vorsichtig bewegen und leise springen." Die Lehrkraft demonstriert die Aufgabe und bleibt während der Durchführung am Ende der Hindernisse stehen, um die Kinder in Empfang zu nehmen. Es geht dann gemeinsam wieder zum Start. Je nach Übungsziel kann die Geschichte weitergehen: „Die Erschütterung war zu stark, darum reißt der Boden der Höhle auf" – jetzt vergrößern sich die Abstände der Reifen vom Hindernis. Zum Schluss steht jeder in einem Reifen und muss über eine bestimmte Linie springen, um die Höhle endgültig zu verlassen (Standweitsprung).
- *Gerätebedarf:* Reifen (jeweils nach den Hindernissen und pro Person für den „finalen" Sprung), Kartons, Bänke, Therabänder
- *Lehrplanbezug:* Laufen, Springen, Werfen

4. Bausteine eines inklusiven Sportunterrichts

Start-Stopp-Ball

Ein ausgewähltes Kind A startet die Übung und erhält einen Ball. Alle anderen Personen stehen relativ nah um dieses Kind herum. A wirft einen Ball senkrecht nach oben. Gleichzeitig laufen die anderen Mitspieler von A weg. Wenn A den Ball wieder gefangen hat, ruft es laut „Stopp". Alle bleiben nun stehen. Kind A versucht jetzt, mit dem Ball ein anderes Kind abzuwerfen. Die getroffene Person beginnt das Spiel von vorn. Wird keine Person abgeworfen, ist A noch einmal dran.

- *Modifikationen:* Spielfeld vergrößern oder verkleinern, Fortbewegungsart variieren (Schlusssprünge, Hopserlauf, Vierfüßlergang, rückwärts ...), verschiedene Bälle nutzen.
- *Körperliche Einschränkung:* Ball darf auch gerollt werden, die anderen Kinder stellen sich in X-Stellung (große Trefferfläche) auf, es darf ein Joker ausgewählt werden, der den Ball für Kind A werfen darf, Rollstuhlfahrer dürfen nur am Körper und nicht am Rollstuhl getroffen werden.
- *Geistige Einschränkung:* in Paaren weglaufen (Tandemprinzip), Lehrkraft unterstützt den Stopp-Ruf.
- *Übungsaufgabe an die Kinder und Durchführung:* „Eine Person von euch ist der Werfer. Zu Beginn steht ihr alle ganz nah um ihn herum. Sobald er den Ball in die Luft wirft, dürft ihr schnell in verschiedene Richtungen ausschwärmen. Solange, bis der Werfer den Ball fängt und laut „Stopp" ruft. Ihr dürft euch dann nicht mehr bewegen. Der Werfer muss jetzt eine Person abwerfen." Die Lehrkraft sollte genau darauf achten, dass die Kinder bei „Stopp" stehen bleiben. Es kann auch bei Verstößen ein Helfer ausgesucht werden, der das Stoppen mit überwacht.
- *Gerätebedarf:* ein Ball
- *Lehrplanbezug:* Laufen, Springen, Werfen

Bierdeckelwurf

Jedes Kind erhält die gleiche Anzahl an Bierdeckeln. Es wird eine Linie markiert, von welcher nacheinander in zwei Gruppen geworfen werden darf.

- *Spielart 1:* Es gibt Punkte für das Treffen von Behältern. In Runde 1 kann z. B. versucht werden, einen Bierdeckel in einen Papierkorb oder in einen umgedrehten kleinen Kasten zu werfen. Wer es schafft, erhält einen Punkt. In weiteren Runden variieren Behälter und Öffnungsgrößen. Am Ende werden alle Punkte (oder je Gruppe) addiert.

4. Bausteine eines inklusiven Sportunterrichts

- *Spielart 2:* Gleiche Ausgangsposition wie in Spielart 1. In das Wurffeld werden nun noch zusätzliche Wurfziele, z. B. Reifen, gelegt, die extra Punkte ermöglichen. Man kann auch ein Schachbrett legen/malen und die Felder mit verschiedenen Punkten „belegen".
- *Spielart 3:* Wurfduell. Die Partner bekommen unterschiedliche Bierdeckelarten, so werden Unklarheiten beim Punktezählen vermieden. Einen Punkt bekommt die Person, die ihren Bierdeckel auf einen des Gegners wirft (Überlappung reicht). Die Person mit den meisten Punkten gewinnt. Dies kann auch als Turnier fortgesetzt werden.

- *Spielart 4:* Bierdeckelweitwurf. Jedes Kind darf fünfmal werfen. Der weiteste Wurf gewinnt.
- *Modifikationen:* Wurfart (es ist auch möglich, zwei oder drei Bierdeckel gleichzeitig zu werfen, so wird das Spiel abwechslungsreicher); Ausgangsposition; Abstand.
- *Körperliche Einschränkung:* Diese Personen dürfen die Wurfposition frei wählen, Personen ohne Handicap werfen mit der „schlechten" Hand oder aus „ungünstigen" Ausgangspositionen (rücklings, Bauchlage, auf einem Bein stehend, nach einer Drehung …).
- *Geistige Einschränkung:* Paare immer wieder durchtauschen. Durch das Tandemprinzip helfen sich die Kinder gegenseitig.
- *Übungsaufgabe an die Kinder und Durchführung:* Die Lehrkraft sollte die verschiedenen Durchgänge stets ansagen. Ein Paar wird zum Vorzeigen aktiv betreut. Nach jeder Runde wechselt dieses Paar. Geht die paarweise Zuteilung nicht auf, spielt die Lehrkraft mit und bildet mit einem Kind das Vorzeigepaar in Blickrichtung der anderen Paare.
- *Gerätebedarf:* 100 bis 200 Bierdeckel, verschiedene Behälter (Papierkorb, Ballwagen, umgedrehter Hocker, Reifen), verschiedene Gegenstände (Matten, Pylonen), eventuell Maßband
- *Lehrplanbezug:* Laufen, Springen, Werfen

4. Bausteine eines inklusiven Sportunterrichts

Rhythmusbahnen

Mit verschiedenen überspringbaren Gerätschaften wird paarweise oder in der Gruppe eine Rhythmusbahn gebaut – entweder frei oder von der Lehrkraft vorgegeben. Die Kinder sollen in den verschiedenen Bahnen die Gegenstände betont rhythmisch überspringen.

- *Modifikationen:* bewusst Rhythmusveränderungen vornehmen, die Hindernisse zu zweit überspringen, beidbeiniges oder einbeiniges Hüpfen vorgeben, Zusatzaufgaben (Drehungen, Hocksprünge, rechten Arm beim Springen in die Luft heben ...), besonders leise springen, Sprünge laut mitzählen.
- *Körperliche Einschränkung:* Kinder klatschen oder rufen den Rhythmus mit, Kinder umfahren mit dem Rollstuhl die Gegenstände als Parcours, Rollstuhlfahrer fährt neben der Rhythmusbahn und soll bei jedem Gegenstand dem Rollstuhl einen Schub geben – so entsteht auch für ihn eine Rhythmusbahn.
- *Geistige Einschränkung:* paarweise (nebeneinander oder hintereinander) die Bahnen durchlaufen.
- *Übungsaufgabe an die Kinder und Durchführung:* „Heute bauen wir gemeinsam unsere eigene Rhythmusbahn. Diese überspringen wir nun nacheinander. Danach dürft ihr selber eine Rhythmusbahn erfinden." Die Lehrkraft sollte die erste Rhythmusbahn vor der Stunde aufbauen, um diese als Beispiel zu nutzen.
- *Gerätebedarf:* überspringbare Gegenstände wie Matten, Seile, Reifen, Pylonen, Bänke, Therabänder
- *Lehrplanbezug:* Laufen, Springen, Werfen

Zielwerfen (Hinführung zur Sportart Boccia)

Die Kinder stellen sich in zwei Reihen gegenüber an den Grundlinien eines Spielfeldes auf. Die Kinder auf einer Seite haben jeweils ein Sandsäckchen. Sieger ist, wer sein Säckchen so nah wie möglich vor der Grundlinie der anderen Seite platzieren kann (Säckchen, die die Linie berühren, sind „aus"). Auf das Kommando „Wurf" werfen diese Kinder die Sandsäckchen auf die andere Seite. Es wird der Gewinner bestimmt, welcher einen Punkt erhält. Die gegenüberliegende Reihe hebt die Säckchen auf und spielt analog. Nach fünf Durchgängen wirft die Lehrkraft einen „Jackball" (beliebig: Medizinball, besonders gekennzeichnetes Säckchen) in das Spielfeld. Ziel ist es nun, das eigene Sandsäckchen so nah wie möglich am „Jackball" zu platzieren. Mithilfe eines Seiles oder Maßbandes kann die geringste Entfernung ermittelt werden. Die drei Personen mit

4. Bausteine eines inklusiven Sportunterrichts

den wenigsten Punkten müssen eine (vorab bestimmte oder zu wählende) Trainingsaufgabe erledigen.

- *Modifikationen:* Die gleiche Aufgabe ist auch mit Hallenbocciakugeln durchführbar und eignet sich sehr gut zur Einführung in das Boccia-Spiel; auch mit Bierdeckeln durchführbar; Spielfeld vergrößern oder verkleinern; mit akustischen oder visuellen Signalen arbeiten.
- *Körperliche Einschränkung:* die Entfernung für die Kinder variieren, starke Kinder werfen unter erschwerten Bedingungen (schwache Hand, rückwärts, nach einer Drehung, in Bauchlage, seitlich …).

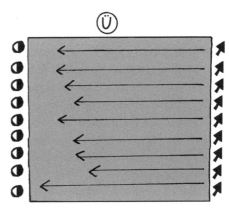

↗ Gruppe A (mit Sandsäckchen)
◐ Gruppe B
Ü Übungsleiter

- *Geistige Einschränkung:* bei diesen Kindern stehen bleiben, das Kommando „Wurf" kann von überall gegeben werden, verzögerte Würfe sind unproblematisch; Punkte dieser Kinder merken.
- *Übungsaufgabe an die Kinder und Durchführung:* „Ihr spielt in unterschiedlichen Gruppen. Hier (*Skizze zeigen*) steht Gruppe A und hier Gruppe B. In Gruppe A hat jeder Teilnehmer ein Sandsäckchen. Auf mein Kommando ‚Wurf' werden diese auf die andere Seite geworfen. Derjenige, dessen Säckchen so nah wie möglich an der Linie gegenüber stoppt, erhält einen Punkt. Sobald die Linie berührt wird, ist das Säckchen ‚aus'. Beim Werfen dürft ihr eure eigene Linie nicht übertreten. Anschließend nimmt Gruppe B die Säckchen auf und spielt genauso wie Gruppe A." Die Kinder erst nach der Regelerklärung platzieren! Die Lehrkraft bestimmt das Wurfkommando. Wenn Kinder die Regeln nicht verstehen, bleibt die Lehrkraft bei ihnen stehen und platziert sie entsprechend.
- *Gerätebedarf:* Skizze, Sandsäckchen (eines pro Person), Seil oder Maßband, Jackball, ggf. Hallenboccia-Set (einen Ball pro Person), ggf. Bierdeckel
- *Lehrplanbezug:* Laufen, Springen, Werfen

4. Bausteine eines inklusiven Sportunterrichts

Bewegungslandschaft

Es werden verschiedene Großgeräte und Stationen aufgebaut, die sich auf eine kindgerechte Geschichte (Marslandschaft, Dschungel, Schifffahrt, Feuerwehr, Polizei, Bergsteiger, einsame Insel, Wüste ...) und entsprechende Aufgaben für jede Station (z. B. sich an einer Langbank entlangziehen: Polizist verfolgt Einbrecher durch einen schmalen Schacht) beziehen.

Nicht nur die vorgegebenen, auch andere Bewegungen und „Bespielmöglichkeiten" der Stationen sind zulässig und erwünscht. Nach zehn Minuten wird gestoppt. Jetzt können die Kinder ihre Bewegungsmöglichkeiten an den Stationen vorstellen.

- *Stationen und Modifikationen:*
  - Entlangziehen an einer Langbank: Die Kinder ziehen sich an einem Seil mit dem Rollstuhl oder Rollbrett an eine Sprossenwand heran.
  - Auf umgedrehter Bank balancieren: Der Rollstuhl wird in Kippposition gebracht und ausbalanciert oder die Kinder fahren mit dem Rollbrett auf einer Linie entlang.
  - Auf Weichbodenmatte springen/sich werfen/sprinten: Die Kinder werfen im Rollstuhl oder auch im Stand einen Pezziball mehrmals gegen eine Wand und fangen ihn wieder auf.
  - Parallelbarren (Mattensicherung!) im Vierfüßler- oder Krebsgang
  - (Holme schräg stellen) überqueren: Mit Rollstuhl direkt vor die Sprossenwand oder einen Torpfosten stellen und mit einer oder beiden Händen ein dort befestigtes Theraband mehrfach zu sich oder seitlich ziehen (siehe Abb.).
- *Geistige Einschränkung:* Hier ist bei Bedarf das Tandem-Prinzip zu empfehlen.
- *Übungsaufgabe an die Kinder und Durchführung (Beispiel Dschungel):* „Wir sind im Dschungel, den wir erforschen möchten! Es gibt hier einige Gefahren, denen wir ausweichen müssen. Dem Löwen entkommen wir durch einen schmalen Spalt (Entlangziehen an einer Langbank). Dann balancieren wir über einen reißenden Fluss (auf umgedrehter Bank balancieren). Wir entkommen dem Treibsand, der uns nach unten ziehen möchte (auf Weichbodenmatte springen/sich werfen/sprinten). Um Ausschau zu halten, klettern wir in die Palmen (Parallelbarren im Vierfüßler- oder Krebsgang überqueren)." Die Lehr-

kraft sollte in dieser Stunde von Station zu Station gehen, die Übungen ggf. unterbrechen und Hinweise geben.
- *Gerätebedarf:* Großgeräte nach Bedarf, Matten, eventuell passende Musik
- *Lehrplanbezug:* Bewegen an Geräten – Turnen

Choreografie

Eine Choreografie für inklusive Gruppen braucht eine Auswahl von einfachen Bewegungen. Mindestens über eine Phrase (= acht Taktschläge) sollte ein- und dieselbe Bewegung beibehalten werden. Arme und Beine bewegen sich immer zur gleichen Zeit. So müssen die Kinder die unterschiedlichen Extremitäten nicht verschieden ansteuern.

Wichtig sind auch nicht zu kurze Elemente, die sich wiederholen (z. B.: 2 x vier Klatscher statt 1 x vier). So finden die Übenden schneller den Rhythmus wieder. Zunächst wird ohne Musik geübt. Beispiel:

1. Seitschritt nach rechts 2 x, auf der Stelle gehen, dabei 4 x klatschen
2. Seitschritt nach links 2 x, auf der Stelle gehen, dabei 4 x klatschen
3. V-Schritt nach vorn 2 x, auf der Stelle gehen, dabei 4 x klatschen
4. V-Schritt nach vorn 2 x, auf der Stelle gehen, dabei 4 x klatschen
5. Kreis um die eigene Achse mit 8 Schritten laufen, auf der Stelle gehen, dabei 4 x klatschen

- *Modifikationen:* Variationen bei der Schrittausführung: große Schritte, Oberkörper tief nehmen, springen; Musikgeschwindigkeit
- *Körperliche Einschränkung:* Die Choreographie entsprechend anpassen. Wenn ein Rollstuhlfahrer in der Gruppe ist, empfehlen sich seitliche Schritte weniger, dafür aber Schritte nach vorne, nach hinten oder Drehungen.
- *Geistige Einschränkung:* Die wiederholenden Elemente sollen dafür sorgen, dass alle Kinder schnell wieder in den Takt finden können.
- *Übungsaufgabe an die Kinder und Durchführung:* „Wir tanzen gemeinsam in einer bestimmten Reihenfolge. Wir üben in einzelnen Abschnitten. Am Schluss tanzen wir alles gemeinsam". Die Lehrkraft steht vor der Gruppe und arbeitet spiegelverkehrt.
- *Gerätebedarf:* Musik (z. B. Michael Jackson: They don't care about us, Lady Gaga: Pokerface, Katy Perry: Fireworks, ATC: Around the World, Reel 2 Real: I like to move it)

4. Bausteine eines inklusiven Sportunterrichts

- *Lehrplanbezug:* Gestalten, Tanzen, Darstellen – Gymnastik/Tanz, Bewegungskünste

Wheel-Soccer (Pezziballfußball)

Wheel-Soccer ist ursprünglich eine Mannschaftssportart für Rollstuhlfahrerinnen und Rollstuhlfahrer. Aber auch gemeinsam mit Fußgängern oder nur für Fußgänger ist das Spiel empfehlenswert, da es durch seine Regeln langsamer und niederschwelliger ist als z. B. Fußball oder Basketball. Als Spielfeld eignet sich gut das Basketballfeld. Das Tor ist zwei bis drei Meter breit und wird mit Pylonen und Kästen abgesteckt. Davor wird mit Pylonen eine Torwartzone markiert, in welcher sich nur der Torwart aufhalten darf. Es spielen pro Mannschaft vier Kinder als Feldspieler und ein Kind als Torwart. Weitere Erklärungen entnehmen Sie bitte dem Abschnitt „Übungsaufgabe an die Kinder". Ein strenges Regelwerk existiert nicht, um variabel auf alle Personen reagieren zu können. Fußgänger können auch im Rollstuhl teilnehmen.

- *Modifikationen:* Das Feld kann mit Bänken abgesteckt werden, um das Wegrollen des Balles zu verhindern. Spielfeldgröße und Torgröße variieren, Spielzonen einführen, so dass der Ball bei allen Teammitgliedern regelmäßig ankommt; starke Spieler schwächen durch technische Aufgaben (spielen und/oder passen mit der schwachen Hand), Zonen für schwache Spieler einrichten (in dieser Zone befindet sich nur der entsprechende Spieler, darf dort nicht angegriffen werden), Wechselregel einführen, Mannschaftszusammensetzung verändern.
- *Körperliche Einschränkung:* Kind zu Bonusspieler machen; neutralen Spieler einführen, der für diese Person als Anspieler fungiert, sonst aber nicht weiter in das Spielgeschehen eingreift.
- *Geistige Einschränkung:* Kind zu Bonusspieler machen; neutralen Spieler einführen, der für diese Person als Anspieler fungiert, sonst aber nicht weiter in das Spielgeschehen eingreift; das Zurückbringen des Pezziballs (wenn keine Banden vorhanden) kann eine Aufgabe sein.
- *Übungsaufgabe an die Kinder und Durchführung:* „Das ist eure Mannschaft. Eine Person ist der Torwart und dieser befindet sich immer hier (Torwartzone zeigen). Der Ball soll von eurer Mannschaft in das gegenüberliegende Tor gerollt werden. Er muss auf dem Boden bleiben und darf nur mit den Händen oder dem Rollstuhl berührt werden. Diese Spieler (Bonusspieler) dürfen nicht angegriffen werden. Dieser Raum (Torraum) darf nicht betreten werden". Die

4. Bausteine eines inklusiven Sportunterrichts

Lehrkraft fungiert als Schiedsrichter und wechselt regelmäßig die Position im Raum. Variationsmöglichkeiten so anwenden, dass die Spiele knapp ausgehen (Motivationsfaktor). Vorsicht bei gemeinsamem Spiel von Rollstuhlfahrern und Fußgängern.
- *Gerätebedarf:* Pezziball, Pylonen, Leibchen, ggf. Rollstühle, ggf. Bänke
- *Lehrplanbezug:* Spielen in und mit Regelstrukturen – Sportspiele

Luftballonsitzvolleyball

Luftballonsitzvolleyball ist eine modifizierte Variante der Sportspiele Volleyball und Sitzvolleyball. Die Kinder sitzen auf dem Boden, im Rollstuhl oder auf einem Turnkasten. Man benötigt ein Volleyballnetz oder eine Schnur. Der Ballon muss zu einem Mitspieler gespielt werden, bevor er auf die andere Seite gespielt werden darf. Das Spielfeld ist in der Länge stark verkürzt, da die Luftballons nicht sehr weit in das Feld geschlagen werden können.

Modifikationen: Anzahl der erlaubten Zuspiele im Team verändern; Ansagen, wann der Ballon über das Netz gespielt werden darf; Ballon darf mit anderen Körperteilen gespielt werden; Netzhöhe variieren; Anzahl der Luftballons erhöhen; Luftballon darf einmal auf dem Boden aufkommen; regelmäßiges Wechselsystem einführen; Pool-Noodle oder Papprolle (von Geschenkpapierrolle) als „Schlaggerät" nutzen; das Feld freihalten: Welche Mannschaft hat nach vorgegebener Zeit die wenigsten Luftballons im Feld? Tipp: Netzhöhe an die verschiedenen Sitzhöhen anpassen; Bälle verändern (Pilatesball, Overball, Softball ...).
- *Körperliche Einschränkung:* starke Spieler technisch einschränken (mit der schwachen Hand spielen lassen, Zusatzaufgaben ...); schwachen Spielern technische Freiheiten geben (Pool-Noodle als Armverlängerung ...).
- *Geistige Einschränkung:* Tandemprinzip, der Betreffende erhält einen Partner zur Hand, der ihn bei der Teilnahme unterstützt (auch hier empfiehlt sich ein Wechselsystem).
- *Übungsaufgabe an die Kinder und Durchführung:* „Das ist eure Mannschaft. Ziel ist, dass der Ballon auf der anderen Seite des Netzes den Boden berührt. Der Ballon wird über das Netz gespielt. Er darf nur mit den Händen berührt werden. Bevor er über das Netz gespielt werden darf, muss der Ballon einmal zu einem Mitspieler gespielt werden." Die Lehrkraft fungiert als Schiedsrichter, sie steht an der Netzaufhängung und schaut ins Spielfeld. Sollten viele Ballons im Spiel sein, die Zählweise lockern (es ist schwer möglich, dann noch regelkonform Punkte zu vergeben).

4. Bausteine eines inklusiven Sportunterrichts

- *Gerätebedarf:* Luftballons, Netz oder Schnur, ggf. Rollstühle, ggf. Turnkästen
- *Lehrplanbezug:* Spielen in und mit Regelstrukturen – Sportspiele

Stundenentwurf Einführung in das Spiel „Superball"
Zeit: 45 Minuten

Zeit	Did.-meth. Phase	Inhalt/Ziel	Methodischer Tipp	Organisation/ Bemerkung	Geräte
2 min	freies Bewegen in der Halle	ankommen in der Sportstunde	Aktivität geht von den Schülern selbst aus.		ggf. Musik
5 min	Begrüßung	Organisation Spielregeln „Superball" erklären	Hallenplan oder Bilder zum Erklären der Spielregeln nutzen	„Lockerer Haufen"[1]	Hallenplan, Bilder
5 min	allgemeine Erwärmung	bewegen mit dem Luftballon	verschiedene Möglichkeiten zeigen (Ballon mit Kopf, Fuß, Ellenbogen etc. spielen)	durch die Halle bewegen	Luftballon pro Person, später paarweise oder zu dritt
8 min	spezifische Erwärmung Heranführung an „Superball"	Jede Gruppe hält vier Ballons in der Luft. Jede Gruppe hält Superball in der Luft.	zwei Teams	zwei Gruppen im Innenstirnkreis[2]	8 Luftballons, 2 Superbälle, 2 Bänke
20 min	Hauptteil	Superball spielen	Aktivität von Schülern ausgehend		1 Superball
5 min	Ausklang	Fantasiereise „Luftballon" (KV)	Die Kinder liegen oder sitzen im Kreis.	Hallensituation beachten	Matten, Fantasiereise

1 Den Schülern und Schülerinnen wird keine Organisation vorgegeben. Sie sitzen oder stehen um die Lehrkraft in zuhörbarer Entfernung.
2 Die Schüler und Schülerinnen stehen in einem Kreis und schauen dabei in die Kreismitte. Die Stirn der Kinder ist also innen (= Innenstirnkreis).

4. Bausteine eines inklusiven Sportunterrichts

Superball
Superball ist eine modifizierte Variante des Sportspiels Volleyball. Als Ball dient in diesem Fall ein mit Luftballons gefüllter Müllsack. Dadurch ist dieses Spiel langsamer als das Volleyballspiel. Man benötigt ein Volleyballnetz oder eine Schnur. Der Ball muss nach mindestens einem, jedoch maximal nach drei Zuspielen im eigenen Team auf die andere Seite gespielt werden.

- *Modifikationen:* Anzahl der erlaubten Zuspiele im Team verändern; Ansagen, wann der Ball über das Netz gespielt werden darf; Ball mit anderen Körperteilen anspielen; Netzhöhe variieren; Ausgangsposition einzelner Kinder variieren (sitzend, liegend, stehend …).
- *Übungsaufgabe an die Kinder und Durchführung:* „Das ist eure Mannschaft. Ziel ist, dass der Ball auf der anderen Seite des Netzes den Boden berührt. Der Ball wird über das Netz gespielt. Er darf nur mit den Händen berührt werden. Der Ball darf erst über das Netz, wenn er noch zu einem anderen Mitspieler gespielt wurde. Spätestens nach vier Personen muss der Ball über das Netz." Die Lehrkraft fungiert als Schiedsrichter; sie steht an der Netzaufhängung und schaut ins Spielfeld. Bei gemischten Mannschaften, Rollstuhlfahrern und Fußgängern ist besondere Vorsicht geboten.
- *Gerätebedarf:* Müllsack (110 Liter), Luftballons, Netz oder Schnur
- *Lehrplanbezug:* Spielen in und mit Regelstrukturen – Sportspiele

Rollbrettführerschein
Das Rollbrett vermittelt unschätzbare Bewegungserfahrungen. Die Lehrkraft sollte folgende Sicherheitshinweise beachten:
- Rollbretter dürfen nur benutzt werden, wenn eine Lehrkraft im Raum ist.
- Das Rollbrett sollte immer umgedreht werden (auf die Seite ohne Rollen), wenn man es nicht nutzt. Rollbretter nie auf schiefer Ebene nutzen.
- Lange Haare zu einem Zopf zusammenbinden.
- Beim Vorschub besonders auf den Daumen achten (Gefahr des Überfahrens).
- Das Stehen auf dem Rollbrett ist verboten.
- *Modifikationen:* zwei Gruppen bilden (so entstehen Pausen und weniger Rollbrettfahrer); Aufgaben als Staffelspiele durchführen; Führerscheine paarweise ausgeben (Aufgaben können an Partner weitergegeben werden).
- *Übungsaufgabe an die Kinder und Durchführung:* „Da man mit dem Rollbrett schnell unterwegs ist, müsst ihr dafür – wie beim Auto – einen Führerschein

Name: _____ Klasse: _____ Datum: _____

Rollbrettführerschein

Hake die Aufgaben ab, die du erledigt hast.
Trage ein, wann du die Aufgabe bewältigt hast.

Aufgabe	😊	Datum
Du hast vom Lehrer überprüfen lassen, ob du fahrbereit bist.		
Du kennst die Sicherheitshinweise zum Rollbrettfahren.		
Bewege dich kniend auf dem Rollbrett fort.		
Bewege dich sitzend auf dem Rollbrett fort.		
Bewege dich auf dem Bauch liegend auf dem Rollbrett fort.		
Wieviel Schub ist notwendig, um 5/10/15 Meter zu rollen?		
Mit dem Rollbrett nach rechts drehen.		
Mit dem Rollbrett nach links drehen.		
Bewege dich mit dem Rollbrett rückwärts fort.		
Lass dich von einem Partner schieben.		
Lass dich von einem Partner ziehen.		
Fahre mit dem Rollbrett gegen eine Weichbodenmatte.		
Bremse das Rollbrett selber ab.		
Durchfahre mit dem Rollbrett einen Parcours, ohne die Hütchen zu berühren.		

4. Bausteine eines inklusiven Sportunterrichts

machen. Wir machen heute den Rollbrettführerschein. Um diesen zu erhalten, müsst ihr folgende Aufgaben erledigen.
- *Bewege dich kniend auf dem Rollbrett fort:* Knie dich auf das Brett. Die Knie sind dabei am oberen Ende und die Füße am unteren Ende vom Brett. Nun kannst du mit den Händen auf den Boden fassen und dich so anschieben. Wer möchte es vormachen?
- *Bewege dich sitzend auf dem Rollbrett fort:* Du setzt dich mit dem Po auf den hinteren Teil des Bretts, die Füße nach vorn auf den vorderen Teil. Wer möchte, kann auch mittig auf dem Rollbrett im Schneidersitz sitzen. Da du nun wieder mit den Händen auf den Boden kommst, kannst du dich so anschieben.
- *Bewege dich auf dem Bauch liegend auf dem Rollbrett fort:* Diese Position ist ziemlich anstrengend. Du legst dich mit Brust und Bauch auf das Brett. Damit du rollen kannst, musst du den Körper anspannen, als wärst du ein Brett. Hebe so die Beine vom Boden ab und schiebe dich mit den Händen an.
- *Wieviel Schub ist notwendig, um 5, 10, 15 Meter zu rollen:* Du darfst die Positionen auf dem Rollbrett bei dieser Übung frei wählen und auch zwischendurch wechseln. Starte an der Wand (Beispiel). Dann gib Schub bis zu dieser Linie (z. B. Grundlinie Handballfeld) und zwar so viel, dass du an dieser Linie oder in diesem Bereich (durch Pylonen kennzeichnen) zum Stehen kommst. Das versuche fünfmal. Danach gehe weiter zu dieser Linie. Dort versuche es ebenfalls fünfmal. In der dritten Runde versuchst du dann, so Schwung zu holen, dass du an dieser Linie oder in diesem Bereich, also noch weiter hinten, stoppst.
- *Mit dem Rollbrett drehen:* Du darfst diese Übung in einer Position deiner Wahl durchführen. Versuche, dich mit dem Rollbrett durch den Druck deiner Hände auf den Boden in eine Richtung zu drehen. Du kannst auch versuchen, Kurven zu fahren.
- *Bewege dich mit dem Rollbrett rückwärts fort:* Wie beim Autofahren müssen Rollbrettfahrer natürlich auch rückwärtsfahren können. Probiere verschiedene Positionen aus. Du benötigst diese Fähigkeit auch zum Einparken. Die Hände drücken sich in der anderen Richtung vom Boden ab als beim Vorwärtsfahren.
- *Lass dich von einem Partner schieben:* Einer von euch ist der Fahrer und begibt sich in einer Position seiner Wahl auf das Rollbrett. Der andere ist

4. Bausteine eines inklusiven Sportunterrichts

der Anschieber. Dieser fasst den Partner an den Schultern (in sitzender Haltung) oder am Rücken (kniende Haltung) oder an den Füßen bei gebeugten Beinen (Bauchlage), um ihn anzuschieben. Das Anschieben ist nur bis zur Hälfte der vorgegebenen Strecke erlaubt. Dann erfolgt ein Wechsel der Aufgaben.
- *Lass dich von einem Partner ziehen:* Der Anschieber wird nun zur Zugmaschine. Ihr beginnt diese Aufgabe im Sitzen, könnt aber später auch andere Positionen ausprobieren. Die Zugmaschine befindet sich vor dem Rollbrettfahrer und zieht diesen mithilfe eines Stabes auf die andere Seite.
- *Fahre mit dem Rollbrett gegen eine Weichbodenmatte:* Diese Übung erfolgt nur mit gesicherten Weichbodenmatten, die an der Wand stehen. Beginne auf Kommando an dieser Linie. Schiebe dein Rollbrett langsam an und fahre gegen die Weichbodenmatte, um das Rollbrett zu bremsen.
- *Bremse das Rollbrett selber ab:* Alle Kinder mit Rollbrett beginnen auf Kommando an dieser Linie. Nachdem du etwas Fahrt aufgenommen hast, berührst du abwechselnd mit der rechten und mit der linken Hand den Boden. Merkst du, wie das Rollbrett langsamer wird?
- *Durchfahre mit dem Rollbrett einen Parcours, ohne die Hütchen zu berühren:* Du durchfährst nach Kommando in Schlängellinie diesen Parcours. Bestanden ist die Aufgabe erst, wenn dabei kein Hütchen berührt wird. Wenn du fertig bist, fährst du mit dem Rollbrett langsam zum Beginn des Parcours zurück. Die nachfolgenden Personen beginnen immer erst, wenn der Vordermann am roten Hütchen ist (bzw. anderes Zeichen einsetzen). Falls es einen zweiten Parcours gibt, stelle dich dort an, bis du dran bist. Ruft jemand laut STOPP, halten sofort alle Rollbrettfahrer an."

Die Lehrkraft sollte nur so viele Kinder mit einem Rollbrett bestücken, wie sie überblicken und dies methodisch-didaktisch beachten kann (siehe Modifikationen). Die Lehrkraft überprüft jedes einzelne Kind auf „Fahrtüchtigkeit" bezüglich der Sicherheitshinweise. Die verschiedenen Aufgaben des Führerscheins sollten von der Lehrkraft oder einem Kind vorgemacht werden. Der Raum, in dem gefahren werden darf, wird vorgegeben. Bei Partnerübungen maximal drei Paare über eine definierte Strecke fahren lassen. Beginn der Übung ansagen. Die Lehrkraft hat stets Blickkontakt zu den Fahrern.
- *Gerätebedarf*: Rollbretter, Pylonen, Stäbe
- *Lehrplanbezug:* Gleiten, Fahren, Rollen – Rollsport/Bootsport/Wintersport

4. Bausteine eines inklusiven Sportunterrichts

Bewegungsmuffel

Die Übung wird paarweise ausgeführt. Person A (Bewegungsmuffel) begibt sich in eine feste Position. Partner B drückt leicht gegen verschiedene Stellen des Körpers von Person A. Person A spannt die Muskulatur an, um in der Position zu bleiben. Es wird so gedrückt, dass Person A die Stellung gerade noch halten kann.

- *Modifikationen:* Ausgangsstellung (sitzend, Kniestand, breitbeinig, einbeinig, Hocke, verschiedene Armpositionen ...); Drücken auf Ansage der Lehrkraft („Arm", „Bein"...); Druck stetig erhöhen, anstatt zu drücken leicht an Körperteilen von Person A ziehen; Person B führt (schiebt oder zieht) A durch den Raum – Person A möchte als Bewegungsmuffel eher an den Hallenrand und drückt entsprechend dagegen; Zielpunkte, zu der Person A möchte, dem Partner B vorher nicht verraten.
- *Körperliche Einschränkung*: Ausgangsstellung für alle entsprechend wählen; Lehrkraft sagt die zu berührenden Körperstellen angemessen an.
- *Geistige Einschränkung:* mit dem Kind als Vorzeigepaar arbeiten; Partner nach ein bis zwei verschiedenen Körperstellen wechseln.
- *Übungsaufgabe an die Kinder und Durchführung:* „Wir bilden Paare oder Dreiergruppen. Eine Person ist der Bewegungsmuffel. Dieser steht am liebsten in seiner Position und bewegt sich so wenig wie möglich. Sein Partner versucht, ihn durch leichtes Drücken aus seiner Position zu bringen. Wir drücken jedoch nur so, dass der Bewegungsmuffel nicht umfällt".
- Die Lehrkraft macht diese Übung mit einem Kind vor und sagt ggf. die Paarwechsel an. Bitte beachten: bei Kindern mit aggressiverem Verhalten diese Übung an das Stundenende legen (vorher Entlastungsübungen: mit Rollbrett gegen Weichbodenmatte fahren, Bierdeckelweitwurf, Experimentierübungen: Bewegungslandschaft, systematische Übungen: Parcours mit Rollbrett durchfahren).
- *Gerätebedarf:* eventuell Tennisbälle, wenn kein direkter Körperkontakt erwünscht
- *Lehrplanbezug:* Ringen und Kämpfen – Zweikampfsport

4. Bausteine eines inklusiven Sportunterrichts

4.6 Elemente des Deutschen Sportabzeichens im Unterricht
(von Maria Eife)

Das Deutsche Sportabzeichen (DSA) ist ein Ehrenzeichen der Bundesrepublik Deutschland und kann ab einem Alter von sechs Jahren abgelegt werden. Es umfasst Leistungsnachweise in jeweils einer Disziplin der vier motorischen Grundeigenschaften: Ausdauer, Kraft, Schnelligkeit und Koordination. Außerdem ist der Schwimmnachweis obligatorisch. Die Leistungsanforderungen für Menschen ohne Behinderung werden nach Alter und Geschlecht ermittelt. Personen mit Behinderung unterliegen zusätzlich einer Einteilung in verschiedene Behinderungsklassen mit entsprechenden Untergruppen nach Schwere der Einschränkung. Prüfer finden sich oftmals in den Vereinen.

Auch Sportlehrkräfte legen stellenweise die Basis-Prüfberechtigung ab. Für die Prüfberechtigung für Menschen mit Behinderung ist ein Aufbauseminar notwendig. Hierfür liegt die Verantwortung beim Deutschen Behindertensportverband e.V. bzw. bei den jeweiligen Landesverbänden für Behindertensport. Das Deutsche Sportabzeichen beinhaltet viele Disziplinen, die sowohl von Personen mit sowie ohne Behinderung gemeinsam absolviert werden können (Stichwort auf der Homepage: Deutsches Sportabzeichen für Menschen mit und ohne Behinderung KOMPAKT).

Ich möchte eine kurze Auswahl vorstellen und die Übungen, die im vorigen Kapitel bereits beschrieben wurden, einordnen, damit diese als gezielte Vorbereitung für das Deutsche Sportabzeichen nutzbar gemacht werden können. Diese Übungen können völlig losgelöst vom Abzeichen, aber auch als Vorbereitung dafür in den inklusiven Unterricht eingebaut werden. Eine ausführliche Beschreibung der verschiedenen Disziplinen liefert der Prüfungswegweiser des Deutschen Olympischen Sportbundes.

Disziplinen des Deutschen Sportabzeichens (Auswahl):
- Standweitsprung (Kraft)
- Weitsprung (Koordination)
- Schleuderball (Koordination)
- Ausdauerlauf/Rollstuhl/Dreirad/Tandem/Handbike (Ausdauer)
- Kurzstrecke/Rollstuhl/Dreirad/Tandem/Handbike (Schnelligkeit)

4. Bausteine eines inklusiven Sportunterrichts

Umfangreiche Informationen gibt es im Internet:
Deutsches Sportabzeichen: www.deutsches-sportabzeichen.de
Deutsches Sportabzeichen für Menschen mit Behinderung:
www.dbs-npc.de/sportabzeichen.html

Standweitsprung (Kraft)
Die Kinder springen beidbeinig vom Absprungbalken ab und landen mit beiden Beinen in der Sprunggrube. Die erbrachte Weite wird gemessen. Für den Sportunterricht sind diese Aufgabe und ihre Vorübungen selbstverständlich auf die Halle übertragbar. Spiele und Übungen mit dem Schwerpunkt Kraft:
- Felsbrockentransport (S. 93)
- Stilles Springen (S. 101)

Schleuderball (Koordination)
Die Kinder werfen einen Ball von einer festgelegten Abwurflinie aus so weit wie möglich. Anlauf und/oder Drehung können beliebig gewählt werden.

Weitsprung (Koordination)
Von einem Balken oder einer Absprungfläche aus springen die Kinder einbeinig nach Anlauf (Länge nach Wahl) in eine Sprunggrube.

Spiele/Übungen mit dem Schwerpunkt Koordination und Wahrnehmung
Die ersten drei Übungen schulen koordinative Fähigkeiten. Ursachen für Koordinationsschwächen können auch Mängel an Wahrnehmungserfahrungen sein. Daher empfiehlt es sich, zunächst durch spielerische Wahrnehmungsschulungen (Übungen Nr. 4 bis Nr. 7) Schwächen abzubauen und koordinative Fähigkeiten zu fördern, z. B. durch:
1. Rhythmusbahnen (S. 104)
2. Choreografie (S. 107)
3. Zielwerfen (S. 104)
4. Ich bin dein Spiegelbild (Wahrnehmung: Stellungssinn) (S. 93)
5. Menschenballon (Wahrnehmung: Spannungssinn) (S. 94)
6. Geschwindigkeitsexperiment (Wahrnehmung: Bewegungssinn) (S. 95)
7. Bewegungsmuffel (Wahrnehmung: Kraftsinn) (S. 115)

4. Bausteine eines inklusiven Sportunterrichts

Ausdauerlauf/Rollstuhl/Dreirad/Tandem/Handbike (Ausdauer)
In diesem Bereich soll eine bestimmte Distanz in einer vorgegebenen Bewegungsform in einem bestimmten Zeitraum absolviert werden.

Spiele und Übungen mit dem Schwerpunkt Ausdauer aus dem vorigen Kapitel sind:
- Geschwindigkeitsexperiment (S. 95)
- Wilde Tiere verscheuchen (S. 96)
- Innere Uhr (S. 98)
- Rollbrett- und Rollstuhlführerschein (S. 111)
- Klorollenorakel (S. 98)
- Schatzkammer (S. 99)

Kurzstrecke/Rollstuhl/Dreirad/Tandem/Handbike (Schnelligkeit)
Die Kinder legen eine bestimmte Distanz in einer vorgegebenen Bewegungsform in einem bestimmten Zeitraum zurück.

Spiele und Übungen mit dem Schwerpunkt Schnelligkeit aus dem vorigen Kapitel sind:
- Start-Stopp-Ball (S. 102)
- Roboter und Mechaniker (S. 95)
- Geräuschlauf (S. 97)

Fazit
Ich möchte alle Sportlehrkräfte dazu anregen, das Deutsche Sportabzeichen als Ergänzung und seine Übungselemente lehrplanentsprechend in den Sportunterricht an Grundschulen einfließen zu lassen. Außerdem ermutige ich alle Lehrenden, den Erwerb einer eigenen Prüflizenz ins Auge zu fassen, um selbst ggf. das Sportabzeichen abzunehmen.

Das Deutsche Sportabzeichen ist durch seine Zugehörigkeit zum organisierten Sport (Deutscher Olympischer Sportbund, Deutscher Behindertensportverband) auch eine gute Möglichkeit, mit regionalen Vereinen in Verbindung zu treten und damit wertvolle Anregungen der Freizeitgestaltung über den Schulsport hinaus zu geben. Sollte das Sportabzeichen im Sportunterricht nicht geschafft werden, so ist stets eine Vermittlung zu entsprechenden Vereinen möglich.

4.7 Laufkartenzirkel im inklusiven Sportunterricht
(von Maria Eife)

Ein Laufkartenzirkel ähnelt dem klassischen Stationstraining. Die Lehrkraft gibt jedem Kind eine bestimmte Laufkarte mit mehreren Übungen vor, welche es in einem bestimmten Zeitraum durchführen soll. Im Gegensatz zum klassischen Stationstraining, in welchem alle die gleichen vorgegebenen Stationen durchführen, arbeiten die Kinder hier ihren eigenen Plan ab. Passend zu allen Plänen werden verschiedene Stationen aufgebaut. Es ist durchaus möglich, dass Kinder ähnliche oder gleiche Pläne erhalten und manche Kinder z. B. nur drei und wieder andere acht verschiedene Übungen auf ihrem Laufzettel haben. Es können mehrere Kinder gleichzeitig an einer Station arbeiten oder andere Stationen temporär leer sein.

Je nach Bedarf wird ein Wechsel der Stationen angesagt. Es sollten zehn weitere Minuten für das freie Bewegen an allen Stationen in der Turnhalle eingeplant werden. Der Unterschied zur offenen Übungsform, wie die im oberen Kapitel beschriebene „Bewegungslandschaft", ist die Steuerung der Übungen durch die Lehrkraft anhand der ausgelegten Laufkarten (s. S. 124 f.).

Pro und contra

Laufkartenzirkel stellen einen guten Einstieg für die Arbeit mit heterogenen Gruppen dar, da alle Kinder partizipieren und gleichzeitig ihr Potenzial ausgeschöpft werden kann. Das ist die große Chance im Vergleich zum klassischen Stationstraining, was im inklusiven Sportunterricht selbstverständlich ebenfalls durchführbar ist, es gestaltet sich aber mit zunehmender Heterogenität deutlich schwieriger, weil viele Kinder einzelne Übungen weglassen müssen.

Laufkartenzirkel fördern die Motivation aller Kinder. Sind die einzelnen Übungen erst einmal vorbereitet (Stationenkarten, Laufzettel, Laufkarte), können sie über eine längere Zeit oder in regelmäßigen Abständen wiederholt und damit gefestigt werden. Dies setzt voraus, dass die Lehrkraft die Kinder und deren Fähigkeiten bereits gut kennt. Unbekannte Übungen eignen sich nicht für den Laufkartenzirkel. Wenn die Kinder in Paaren zusammenarbeiten, wird das Auge für die Bedürfnisse und die Fähigkeiten einer anderen Person geschult und der Umgang miteinander erprobt und verinnerlicht. Dies ist ein sozialer Gewinn für alle. Da die Auf- und Abbauzeit eines solchen Zirkels erheblich ist, empfiehlt sich die Anwendung in einer Doppelstunde. Anzuregen ist zudem die Absprache

4. Bausteine eines inklusiven Sportunterrichts

mit den vorherigen oder nachfolgenden Lehrkräften. Häufig ist eine Doppelnutzung der Stationen möglich.

Bei der Einführung des Zirkels sollte auch ausreichend Zeit für Erklärungen und Vorturnen eingeplant werden. Die Skizze des Hallenaufbaus kann mehrfach an den Wänden der Turnhalle mit Klebestreifen angebracht werden. Sie unterstützt vor allem beim Aufbau. Das nachfolgende Material beinhaltet einen kompletten Stundenentwurf zum Laufkartenzirkel, außerdem wird auf einige Geräte eingegangen, die den Sportunterricht mit inklusiven Gruppen erleichtern können.

Didaktisch-methodischer Kommentar

Die Einführung des Laufkartenzirkels kann, analog zum bekannten Stationstraining, anhand der Stationen erfolgen (siehe KV Einführung in den Laufkartenzirkel, S. 122). Außerdem ist es möglich, die verschiedenen Laufkarten in der Gesamtgruppe durchzugehen.

In der Durchführung dürfen die Kinder nach einer Aufwärmphase, z. B. mit dem Schwungtuch (siehe KV S. 123), die Reihenfolge der Stationen ihrer Karten frei wählen. Die Auswertung erfolgt in der Gruppe im Anschluss an die Übungseinheiten. Was war schwer? Was hat gut geklappt?

Eine Fantasiereise zur Entspannung (siehe KV S. 126) rundet die Stunde ab.

Laufkarten und Stationen

Auf den Kopiervorlagen sind einige Laufkarten beispielhaft für einen Laufkartenzirkel (siehe KV Beispiel für den Hallenaufbau, S. 121) aufbereitet. Um jedem Kind in seinen Fähigkeiten und Möglichkeiten gerecht zu werden, empfiehlt sich eine langfristige Anpassung der Laufkarten und des exemplarischen Hallenaufbaus. Um erste Anregungen für Laufkarten für Kinder mit konkreten Einschränkungen zu geben, sind verschiedene Behinderungsarten/Schweregrade angegeben:

Laufkarte 1: Person mit spastischer Hemiparese, Elektrorollstuhl
Laufkarte 2: Person mit inkomplettem Querschnitt C7-C8, Rollstuhl, standfähig
Laufkarte 3: Person mit Hydrozephalus, Rollstuhl, standfähig
Laufkarte 4: Person mit Tetraplegie, Epilepsie, Hüftdysplasie, Elektrorollstuhl
Laufkarte 5: Person mit Trisomie 21
Laufkarte 6: Person ohne Einschränkung

Beispielaufbau für Laufkartenzirkel

Kopiervorlage

- Weichbodenmatte mit Bällen und Seilen
- Tor — Reifen in die oberen Ecken binden
- Hockeytor — Hockeyschläger und Ball
- Bank, Bunte Würfel
- 1 Kasten, Badmintonschläger, Luftballon
- 1 Kasten, Pylone, Reissäckchen
- 1 Kasten, Bierdeckel, Blindbrille, Wäscheklammern
- 1 Kasten, Knete
- 2 Kästen, Kegelbahn
- Pylonen
- Bällekiste
- Tischtennis
- 3 Therapiebänder an den Torpfosten
- Schwungtuch und Bälle
- Tor
- Koordinationsleiter, Sandsäckchen, Buschwusch-Bälle

Schmitt-Bosslet (Hrsg.) · Inklusions-Material Sport Kl. 1–4.

Einführung in den Laufkartenzirkel

Station/Material	Aufgaben	Laufkarte Nr. ...
Tor mit Therabändern	Kraftübungen mit dem Theraband am Torpfosten	2, 4
Schwungtuch und Bälle	Gemeinsame Erwärmung	alle
Tischtennis	Tischtennis spielen (auch im Stand) mit Partner oder einseitig hochgeklappter Tischtennisplatte	2, 5
Bank und Schaumstoffwürfel	Würfeln mit Aufgaben	4
Hockeyschläger, -tor und Bälle	Torschüsse mit dem Hockeyschläger	5
Weichbodenmatte mit Bällen und Seilen	Auf Weichbodenmatte sitzend, liegend, bewegend: Bälle fangen und zurückwerfen	3
Tor mit Reifen	Torschüsse als Torwart abwehren, Bälle durch Reifen im Tor werfen	1, 3, 5
Kasten, Badmintonschläger, Luftballon	Luftballon mit Badmintonschläger in der Luft halten	2
Kasten, Pylone, Reissäckchen	Sandsäckchen nach Farben auf verschiedene Haufen sortieren	4
Kasten, Bierdeckel, Blindbrille, Wäscheklammern	Bierdeckelhaus bauen, mit Blindbrille auf Bank balancieren („Guckschlitze sind gestattet")	2, 6
Kasten, Knete	Therapieknete auseinanderziehen, mit Therapieknete einen Namen der Gruppe legen	1, 2
2 Kästen, Kegelbahn	Mit Sandsäckchen die Kegel der Minikegelbahn umwerfen	1
Pylonen	Parcours durchfahren mit 5 Kegeln, Parcours mit dem Rollbrett durchfahren	1, 3, 5, 6
Bällekiste	5 Sandsäckchen in eine Bällekiste werfen, Basketballwürfe mit verschiedenen Bällen	1
Koordinationsleiter, Sandsäckchen, Busch-Wusch-Bälle	5 Sandsäckchen in Felder der Koordinationsleiter werfen	1
Ohne	Um das Spielfeld laufen, Standweitsprung soweit wie möglich von einer Linie	5, 6

Übungen mit dem Schwungtuch

Folgende Übungen eignen sich zur Erwärmung.

- Das Tuch wird von allen hoch- und runtergeschwungen. Im Uhrzeigersinn darf jedes Kind darunter laufen und *einen Schwung lang* unter dem Tuch bleiben, bis es wieder an seinen Platz zurückläuft.
- Zwei Teams stellen sich jeweils an eine Hälfte des Schwungtuchs. Es wird ein Ball auf das Schwungtuch gelegt. Die Lehrkraft bestimmt das Kind, zu dem der Ball mithilfe des Tuchs befördert werden soll. Der Ball soll je über die Gegenmannschaft befördert werden, um einen Punkt zu erhalten.
- Das Tuch hat unterschiedlich gefärbte Segmente in Rot, Grün, Gelb und Blau. Während das Tuch geschwungen wird, ruft die Lehrkraft eine Farbe auf. Die Kinder, die das Tuch an den aufgerufenen Farben halten, lassen los und laufen im Uhrzeigersinn einmal um das Tuch bis zu ihrer Ausgangsposition.
- Das Tuch wird geschwungen und auf Kommando nach oben losgelassen. Lassen alle Kinder gleichzeitig los, so füllt sich das Tuch mit Luft und sinkt langsam zur Erde.
- Ein Kind mit Rollstuhl fährt mit einem Partner unter das Tuch. Die anderen Kinder schwingen das Tuch hoch, gehen einen Schritt zur Mitte und drücken nun zügig mit den Händen den Rand des Tuches auf den Boden. Ein igluartiges Zeltdach entsteht. Dann schwingen alle das Tuch wieder nach oben und treten zurück.

Kopiervorlage

Laufkartenzirkel

Laufkarte 1
- Parcours mit 5 Kegeln durchfahren (auch rückwärts)
- 5 Sandsäckchen in eine Bällekiste werfen
- 5 Sandsäckchen in Felder (egal welche) der Koordinationsleiter werfen
- Torschüsse als Torwart abwehren
- Therapieknete auseinanderziehen
- Zusatz: mit Sandsäckchen die Kegel der Minikegelbahn umwerfen

Laufkarte 2
- Tischtennis spielen (auch im Stand) mit Partner oder einseitig hochgeklappter Tischtennisplatte
- Mit Therapieknete einem Namen der Gruppe legen
- Kraftübungen mit dem Theraband am Torpfosten ausführen
- Bierdeckelhaus bauen
- Luftballon mit Badmintonschläger in der Luft halten

Laufkarte 3
- Auf Weichbodenmatte sitzend, liegend, bewegend: Bälle fangen und zurückwerfen
- Parcours durchfahren mit 5 Pylonen (auch rückwärts)
- Bälle durch Reifen im Tor werfen

Kopiervorlage

Laufkarte 4

- Würfeln mit Aufgaben:
  1 = Eine große Runde durch die Turnhalle fahren
  2 = 3 x um die eigene Achse fahren
  3 = Eine große Runde rückwärts durch die Turnhalle fahren
  4 = 3 x um die eigene Achse fahren
  5 = 5 Tischtennisbälle soweit wie möglich werfen
  6 = Eine Linienfarbe auswählen und in der Turnhalle abfahren
- Therabandübungen am Torpfosten
- Sandsäckchen nach Farben auf verschiedene Haufen sortieren

Laufkarte 5

- Tischtennis spielen (auch im Stand) mit Partner oder einseitig hochgeklappter Tischtennisplatte
- Torschüsse mit dem Hockeyschläger
- Bälle durch Reifen im Tor werfen
- Parcours mit dem Rollbrett durchfahren (auch rückwärts)
- 2 große Runden um das Spielfeld laufen

Laufkarte 6

- Parcours mit dem Rollbrett durchfahren
- Mit Blindbrille auf Bank balancieren (Guckschlitze sind gestattet)
- Bierdeckelhaus bauen
- Basketballwürfe mit verschiedenen Bällen
- Standweitsprung soweit wie möglich von einer Linie
- Drei Runden langsam um das Spielfeld laufen

Fantasiereise zur Entspannung

Stellt euch vor, ein Luftballon zu sein.

Ihr seid ein Luftballon in eurer Lieblingsfarbe und spielt mit Kindern auf einer Wiese vor ihrem Haus.

Spürt, wie es sich anfühlt, wenn ihr hin und her gespielt werdet.

Hört die Kinder, die beim Spielen lachen.

Spürt die warme Sonne, die von oben scheint.

Spürt den Wind, der euch umfließt, wenn ihr nach oben gespielt werdet.

Spürt, wie der Wind langsam etwas stärker wird.

Spürt, wie der Wind euch mitträgt über die grünen Wiesen.

Spürt, wie ihr sanft über eine Baumkrone gleitet und die weichen Blätter euch streifen.

Spürt, wie ihr auf dem Gras einer Wiese aufkommt und das weiche Gras euch berührt.

Wie der Wind euch über das Gras fortbewegt.

Wie ihr in einem Bach landet.

Wie ihr auf dem Wasser schwebt, ohne unterzugehen.

Spürt, wie der Wind euch mitnimmt und wieder in die Luft wirbelt.

Euch nach oben und unten bewegt und euch durchschüttelt.

Und euch zum Schluss wieder sanft im Garten der Kinder ablegt.

4. Bausteine eines inklusiven Sportunterrichts

Hilfsmittel und Geräte für einen inklusiven Sportunterricht
Einige Sportgeräte und Kleingeräte vereinfachen inklusives Sporttreiben, da sie die Bandbreite an Modifizierungsmöglichkeiten leichter erweitern.

Augenmasken/Augenklappen: Diese sind gut einzusetzen, um einfache Spiele für Menschen ohne Einschränkungen schwerer zu gestalten oder in die Behindertensportart „Goalball" einzuführen.

Hallenboccia-Set: Das Ballset besteht aus sechs roten und sechs blauen Bällen und einem weißen Ball (Jackball). Außerdem ist ein Maßband zu empfehlen.

Bierdeckel: Sie eignen sich wegen ihrer Form (z. B. bei Spastiken) und ihres Gewichtes (z. B. bei Muskelschwächen) gut als Ersatz für Wurfgeräte. Auch für Menschen ohne Einschränkungen sind Übungen mit Bierdeckeln unter anderem wegen ihrer Flugeigenschaft eine Herausforderung.

Bohnensäckchen/Sandsäckchen: Sie eignen sich aufgrund ihrer Form (z. B. bei Spastiken) und ihres Gewichtes (z. B. bei Muskelschwächen) als Ersatz für Wurfgeräte.

Buschwusch-Ball:
Diese speziellen Bälle eignen sich aufgrund ihrer Form (z. B. bei Spastiken) und ihres Gewichtes (z. B. bei Muskelschwächen) als Ersatz für Wurfgeräte.

Luftballon mit Glöckchen und klingende Armbändchen:
Damit Kinder mit Sehbeeinträchtigungen (blind, eingeschränkte Sehfähigkeit, eingeschränktes Gesichtsfeld) oder Orientierungsproblemen am (Ball-)Spiel teilnehmen können, helfen klingende Bälle, mit Glöckchen gefüllte Luftballons oder Glöckchen am Armband des Mitspielers.

O-Ball mit und ohne Luftballon: Dieser Ball eignet sich aufgrund seiner Form (z. B. bei Spastiken) und seines Gewichtes (z. B. bei Muskelschwächen) als Ersatz für Wurfgeräte. Mit einem Luftballon gefüllt, hat er fast alle Eigenschaften eines „normalen" Balles, bleibt aber ungefährlich, gut greif- und sichtbar. Zusätzlich kann ein Glöckchen eingesetzt werden.

Schaumstoffwürfel: Sie eignen sich aufgrund ihrer Form (z. B. bei Spastiken) und ihres Gewichtes (z. B. bei Muskelschwächen) für den inklusiven Sportunterricht. Die Zahlen können mit Aufgaben belegt werden und ermöglichen so die Teilhabe aller Kinder.

4. Bausteine eines inklusiven Sportunterrichts

(Sport-)Rollstuhl: Er ermöglicht Teilhabe auf der einen und Bewegungs- sowie Materialerfahrung auf der anderen Seite. Der Rollstuhl als Sportgerät begünstigt den inklusiven Sportunterricht und sensibilisiert für die Bedürfnisse rollstuhlfahrender Mitbürger.

Schwungtuch: Alle Kinder können es greifen und halten und dadurch bei allen Übungen mit dem Schwungtuch mitmachen. Es empfiehlt sich ein Schwungtuch mit Schlaufen, da diese das Greifen noch vereinfachen.

Therapieknete: Die Knete wird durch Körperwärme weich, springt auf dem Boden auf (in Ballform) und ist daher für Ballspiele nutzbar. Sie stärkt spielerisch die Handmuskulatur. Die Therapieknete eignet sich für Ruhephasen in Kombination mit verschiedenen Aufgaben. Sie ist in unterschiedlichen Stärken erhältlich. Aufgaben können sein: Formen, Buchstaben, Namen, Zahlen kneten und erraten, verschieden geformt (als Ball, Rolle, platt gedrückt ...) bestimmte Zonen oder Ziele damit treffen.

Wäscheklammer: Dieses Kleingerät ist für die Kinder gut greifbar und seine Farbenvielfalt motiviert zum Spielen. So können Wäscheklammern z. B. gut in Staffelspiele integriert werden.

Literatur

ABLEITNER, S. et al.: *Fit für den Inklusionssport. Arbeitshilfe für Übungsleiter.* Hrsg.: Behinderten- und Rehabilitations-Sportverband Bayern e.V., Schorndorf 2013

BALSTER, K.: *Kinder mit mangelnden Bewegungserfahrungen Teil 2. Praktische Hilfen zur Förderung der Wahrnehmung und Bewegungsentwicklung.* Hrsg.: Sportjugend im LandesSportBund Nordrhein-Westfalen e.V., Duisburg 1998

BUNDESVERBAND FÜR KÖRPER- UND MEHRFACH BEHINDERTE MENSCHEN E.V. (bvkm.): *Sportkarte Boccia.* Online verfügbar unter: http://bvkm.de/wp-content/uploads/Boccia-gesamt.pdf (Abgerufen am 21.01.2017).

BUNDESVERBAND FÜR KÖRPER- UND MEHRFACH BEHINDERTE MENSCHEN E.V. (bvkm.): *Sportkarte Luftballon-Volleyball.* Online verfügbar unter: http://bvkm.de/wp-content/uploads/Sportkarte-5-Luftballon-Volleyball.pdf (Abgerufen am 21.01.2017).

HÄUSERMANN, S. (2008): *Mit Unterschieden spielen.* Herzogenbuchsee. INGOLDVerlag.

HIRTZ, P. ET AL. (1988): *Koordinative Fähigkeiten im Schulsport. Vielseitig – variantenreich – ungewohnt.* Berlin. Volk und Wissen.

SONNENBERG, W.: *Spiele-Enzyklopädie. Eine Spielesammlung für den Vereinssport.* (unveröffentlichtes Manuskript).